hänssler

HANS EISSLER
WALTER NÄNNY

ISRAEL –

Heimkehr eines Volkes

Hans Eißler (* 1931), Richter in Bad Urach. 1972 - 1978 Präsident der Württembergischen Evang. Landessynode. Vorstandsmitglied des Christl. Hilfsbundes e.V., Maisenbach/Schwarzwald (ZEDAKAH, Träger der Einrichtung »Shavej Zion« bei Nathanja/Israel).
Walter Nänny (* 1945), Drogist und Hobbyfotograf in Zürich.
Beide Autoren verbindet die Liebe zu Israel. Hans Eißler ist für den Text dieses Buches verantwortlich; Walter Nänny hat die Bilder in Archiven in Jerusalem recherchiert und speziell für diesen Band zusammengestellt.

hänssler-Paperback
Bestell-Nr. 392.892

Das Buch erschien unter dem gleichen Titel als EDITION C-Paperback
mit der Nummer 58.095.

Umschlaggestaltung: Daniel Dolmetsch
Titelfotos: Jacoby
Satz: AbSatz Ewert-Mohr, Klein Nordende
Printed in Germany

Inhalt

Vorwort

> »Das Volk, das dem Schwert entronnen ist, hat Gnade gefunden in der Wüste; Israel zieht hin zu seiner Ruhe ... Du sollst wieder Weinberge pflanzen an den Bergen Samarias ... Der Herr hat seinem Volk geholfen, dem Rest Israels. Siehe, ich will sie aus dem Lande des Nordens bringen und will sie sammeln von den Enden der Erde ... Sie werden weinend kommen, aber ich will sie trösten und leiten ..., denn ich bin Israels Vater.« JEREMIA 31,2-9

Die wachsende Aufmerksamkeit, die dem kleinen Volk am Ostrand des Mittelmeers zuteil wird, verlangt nach Information über historische Fakten. Mit diesem Buch soll der Versuch unternommen werden, die jüngere Geschichte Israels in gedrängter und leicht lesbarer Form schwerpunktmäßig darzustellen.

Wer sich mit Israel befaßt, ist fasziniert von der Tatsache, daß sich ein Volk, das seit Jahrtausenden über die ganze Welt zerstreut war, im Laufe eines starken Jahrhunderts sammelt, ein Staatswesen bildet und sich gegen eine erdrückende Übermacht von feindlichen Nachbarn behauptet. Diese Entwicklung ist höchst außergewöhnlich. Sie erregt Staunen und Bewunderung und nötigt zum Nachdenken.

Der historische Hauptteil dieses kleinen Buches stellt Tatsachen dar. Wie weit dabei Objektivität erreicht worden ist, mag dahingestellt bleiben, denn die Darstellung von Geschichte setzt die Auswahl von Fakten voraus und kann niemals eigentlich »objektiv« sein; sie ist vielmehr vom Standpunkt des Beobachters geprägt.

Die Faszination des Außergewöhnlichen ist es, die den Grundton angibt: Wenn irgendwo Geschichte einen Sinn hat, dann in Israel. Wenn irgendein Volk mit Recht Staunen erregt, dann das Volk der Juden, ein Volk, das ausgeschüttet schien über den Erdball wie Wasser und wieder zusammengefunden hat, ein Volk, das über die ganze Welt zerstreut war, aber seine Herkunft und Heimat nicht vergessen und seine Identität bewahrt hat, das nach Jahrtausenden

neu Wurzeln geschlagen hat und wie eine junge Pflanze erstarkt. Wo in der Geschichte der Menschheit hat es einen vergleichbaren Vorgang gegeben?
Unter all den möglichen Gründen, dieses Geschehen zu erklären, gibt es einen ganz einfachen und naheliegenden: Gott hat sein Volk heimgeführt. Die uralten Voraussagen von der Heimkehr des Volkes aus der Zerstreuung, wie sie bei den Propheten Jesaja und Jeremia immer wiederkehren, sind vor unseren Augen in Erfüllung gegangen. Fromme Juden haben sich in ihrem Elend in Rußland, Spanien oder Afrika, an die Verheißung der Heimführung des Volkes in das versprochene Land geklammert und einander unablässig zugerufen: »Nächstes Jahr in Jerusalem!« Im Laufe von etwa 110 Jahren – der Vorgang ist noch in voller Bewegung – haben sich etwa vier Millionen Menschen wie Zugvögel im Herbst aufgemacht, um in ihre Heimat zu ziehen.
Die Geschichte Israels ist die Geschichte Gottes mit seinem Volk. So sieht es die Bibel. Gott hat ein Volk erwählt, um an ihm zu zeigen, was er als Schöpfer und Vater des Menschengeschlechts mit seinen Kindern im Sinn hat. Er wirbt um die Erwiderung seiner Liebe. Er zeigt den Weg durch die Geschichte. Er führt sein Volk durch schwere Heimsuchungen. Aber immer wieder erweist er sich als Vater, der Treue hält und die Zusagen seines Bundes erfüllt. Und im Schwanken zwischen Abkehr und Heimkehr ist Israel Abbild der Menschheit, ein Beispielvolk, pars pro toto, besonders geliebt und besonders geprüft. Das Angebot Gottes gilt aber nicht nur den Juden, sondern allen seinen Kindern.
Nicht jeder mag diese Sicht teilen. Es gibt Juden, die sich gegen den Gedanken der Erwählung ihres Volkes wehren oder mit Bitterkeit vermerken, sie seien offenbar zum Leiden erwählt. Sie sträuben sich dagegen, anders zu sein als andere Völker. Dem entspricht es, daß viele Nichtjuden dazu neigen, diesem Volk ganz besonders auf die Finger zu sehen, um immer wieder mit Befriedigung festzustellen, daß die Juden nicht besser seien als andere. Daß darüber hinaus überall auf der Welt Verachtung, ja abgrundtiefer Haß gegen die Juden tiefe Wurzeln hat, gehört zu den dunklen Seltsamkeiten und Geheimnissen dieses Volkes. Mit diesem Buch soll nicht nur Be-

wunderung und Achtung vor der historischen Leistung eines kleinen und starken Volkes gefördert werden, sondern hinter alledem soll das wunderbare Handeln Gottes mit seinem Volk aufleuchten. Die Absicht, die mit dieser Darstellung verfolgt wird, könnte deshalb auch mit dem Wort Gottes aus Hesekiel (Kapitel 28, Vers 25) umschrieben werden: »Wenn ich das Haus Israel wieder sammle aus den Völkern, unter die sie zerstreut sind, so will ich an ihnen vor den Augen der Heiden zeigen, daß ich heilig bin.«

Ben Yehuda und die hebräische Sprache

Unter den Künstlern, Dichtern und Denkern, die sich um das Jahr 1880 in Paris aufhielten und sich kaum eine Tasse Kaffee leisten konnten, war ein lungenkranker Medizinstudent von einundzwanzig Jahren namens Elieser Perlman, Sohn frommer jüdischer Eltern aus Litauen. Wie manche seiner Altersgenossen hatte er einen Geruch von Freiheit verspürt und mit Spannung verfolgt, wie sich die Bulgaren gegen die Türken erhoben. Ihn packte der Gedanke, auch die Juden müßten sich die Freiheit erkämpfen und in das Land ihrer Väter heimkehren, eine Idee, die zwar da und dort schon aufgetaucht war, aber noch nicht gezündet hatte. Er verfaßte Zeitungsartikel, die er mit dem Namen Ben Yehuda, Sohn Judas, unterzeichnete, und in denen er die Juden in aller Welt dazu aufrief, aufzustehen, in ihre angestammte Heimat zurückzukehren und die hebräische Sprache wieder zur Muttersprache zu erheben; nur so, erklärte er, sei eine Wiedergeburt des jüdischen Volkes zu erreichen.

Elieser Perlman alias Ben Yehuda war 1858 in Luschky in Litauen geboren. Sein Vater starb früh, und sein Onkel gab ihn in die Erziehung eines Rabbiners, der ihm heimlich weltliche Bücher in hebräischer Sprache zu lesen gab. Später kam der vierzehnjährige Junge in das Haus eines frommen Spirituosenhändlers namens Jonas, der zwei Töchter hatte. Deborah, die vier Jahre älter war, gab dem jungen Elieser Privatunterricht in Französisch, Deutsch und Russisch. Sie sollte einmal seine Frau werden.
Nicht nur der Gedanke, als Neusiedler in Palästina ein Beispiel zu geben, sondern auch die sich verschlimmernde Tuberkulose, die Elieser zu einer Kur in Algerien gezwungen hatte, führten den Pariser Medizinstudenten zu dem Entschluß, nach Israel auszuwandern. Es war im Jahre 1881, als Elieser Ben Yehuda und seine Braut die Reise ins Land ihrer Väter antraten. Unterwegs in Kairo ließen sie sich von einem Rabbiner trauen. Als sie in Jaffa ankamen, nahm Elieser seiner jungen Frau ein ganz ungewöhnliches Ver-

sprechen ab: In ihrem neuzugründenden Heim sollte niemals eine andere Sprache gesprochen werden als Hebräisch.
Das war nicht einfach für Deborah, denn sie selbst war erst dabei, diese Sprache zu lernen; aber sie stimmte zu. Sie brachte fünf Kinder zur Welt und lehrte sie ihre neue Muttersprache. Die Familie Yehuda in Jerusalem war die erste Familie seit 2000 Jahren, in der nichts anderes als Hebräisch gesprochen wurde.
Das Leben in Jerusalem war schwer. Die Verhältnisse der Yehudas waren dürftig. Die junge Frau hatte unendlich zu leiden. Nachdem drei ihrer Kinder früh gestorben waren, erkrankte sie selbst an Tuberkulose und starb 1891. Elieser selbst konnte seiner Krankheit auf erstaunliche Weise standhalten. Er schloß nach sechs Monaten eine zweite Ehe mit der wesentlich jüngeren Schwester, die den hebräischen Vornamen Chemda annahm.
Elieser hatte eine Arbeit als Lehrer an einer Schule gefunden, die Stelle aber nur unter der Bedingung angenommen, daß er seinen Unterricht ausschließlich in Hebräisch halten durfte. Das wurde ihm zwar gestattet. Die streng orthodoxen Juden aber betrachteten ihn als einen verruchten Menschen, der die heilige Sprache in den Dreck zog, indem er alltägliche Dinge auf Hebräisch ausdrückte. In jenen Tagen hatte es zwar da und dort noch Gegenden und Familien gegeben, in denen man sich auf Hebräisch unterhalten konnte. Sonst aber war diese Sprache für den Umgang im Alltag ausgestorben und auf den Gebrauch im Gottesdienst, beim Gebet und unter den Gelehrten beschränkt. Ben Yehuda war nicht der erste und nicht der einzige, der sich für den Gebrauch der hebräischen Sprache im Alltag einsetzte, aber kein anderer hat dieses Ziel so leidenschaftlich zur Aufgabe seines Lebens gemacht wie er.
Auch aus einem anderen Grund waren die alteingesessenen Juden böse auf Ben Yehuda. Sie und ihre Vorfahren hatten seit Jahrhunderten von den Gaben ihrer Glaubensbrüder in aller Welt gelebt. Einige hatten zwar bescheidene Einkünfte als Handwerker, viele andere aber konzentrierten sich auf das Studium der Thora und ihre Gebete. Sie konnten nur mit Hilfe eines in Jahrhunderten entwickelten Systems der Sammlung und Verteilung von Spenden aus dem Ausland, der sogenannten Chalukkah, existieren. Für Ben

Yehuda war es keine Frage, und er sagte und schrieb das auch offen, daß ein Volk so auf Dauer nicht leben konnte.
So kam es, daß Elieser, der sich anfangs bemüht hatte, jüdische Sitten anzunehmen, sich innerlich von den Orthodoxen und ihrem Glauben absetzte und eine liberale Haltung einnahm. Als leidenschaftlicher Journalist gründete er verschiedene Zeitungen. Die bekannteste von ihnen, »Ha-Zvi« (»Der Hirsch«), erschien anfangs zweiwöchentlich, später sogar täglich. Über dieses Sprachrohr verbreitete er – in einfachem, volkstümlichem Hebräisch – seine Ideen, die mit größtem Interesse gelesen und mit unterschied-

Elieser Perlman alias Ben Yehuda.

lichen Gefühlen aufgenommen wurden. Die unerschrockene Art des Verlegers, neue Gedanken ungeschminkt vorzutragen, führte zu erregten Diskussionen. Wie in einem Wechselbad erfuhr er begeisterte Zustimmung und eisige Ablehnung. Oft wurden Leser, die für ihn auf die Barrikaden gegangen wären, so enttäuscht, daß sie sich fortan als Gegner betrachteten.
Ben Yehuda unterstützte mit Nachdruck den Gedanken der landwirtschaftlichen Besiedlung, wie ihn die um jene Zeit einwandernden jungen Zionisten vertraten. Nur mit der Hände Arbeit konnte das Land neu zum Blühen gebracht werden. Elieser hatte auch engen Kontakt zu den Siedlern in der Ebene am Meer und besuchte sie regelmäßig, etwa in Rischon le Zion oder Petah Tikvah. Die Pioniere dort waren es auch, die sich der Idee, in der neuen alten Heimat wieder hebräisch zu sprechen, am ehesten öffneten.
Aber es gab ein Thema, mit dem Ben Yehuda manche der jungen zionistischen Siedler vergrämte, nämlich die Frage der Unterstützung durch den französischen Baron Edmond de Rothschild. Die Mittel, mit denen der Pariser Bankier israelische Siedlungen ausstattete, waren so gewaltig, daß sie zum ideologischen Zankapfel wurden. Zionistische Idealisten wie der junge David Grün, später Ben Gurion, verabscheuten die Abhängigkeit von den Rothschild'schen Gaben, zumal die vom Baron eingesetzten Verwalter die Siedler wie Knechte behandelten. Ben Yehuda, der selbst Spenden von Rothschild erhielt, trat dagegen für ihn ein und würdigte seine großen Opfer für die Sache Israels.
Das tat allerdings seinen engen und freundschaftlichen Beziehungen zu den Siedlern im ganzen kaum Abbruch. Er beschwor sie, in ihren Schulen Hebräisch zu sprechen, und es gelang ihm, die meisten von ihnen dafür zu begeistern. In den jungen Dörfern, in denen Einwanderer ein neues Leben aufzubauen suchten, fand Elieser eher Zustimmung als in Jerusalem, wo die Orthodoxen Widerstand leisteten und den türkischen Beamtenapparat für ihre Ziele mißbrauchten. So schwärzten sie Ben Yehuda eines Tages an, weil im »Hirsch« der Satz gestanden hatte: »Laßt uns unsere Kräfte sammeln und vorwärtsschreiten!« Er wurde so ausgelegt, als hätte da gestanden: »Laßt uns eine Armee aufbauen und gegen die Tür-

ken marschieren!« Ben Yehuda wurde des Aufruhrs bezichtigt und zu einem Jahr Gefängnis verurteilt. Es kam zu Tumulten, die dazu führten, daß man den schwierigen Zeitungsmann gegen Kaution freiließ. In der Berufungsinstanz wurde er freigesprochen, allerdings wurde ihm für ein Jahr verboten, sein Blatt herauszugeben.
Das Zeitungsverbot hatte den Vorteil, daß Ben Yehuda sich auf die Arbeit konzentrieren konnte, der er bisher nur spät in der Nacht hatte nachgehen können, eine Arbeit, die ihm besonders am Herzen lag: Schon lange hatte er den Plan, ein großes hebräisches Wörterbuch zu verfassen. Wenn es gelingen sollte, die hebräische Sprache für den Alltag wieder zum Leben zu erwecken, dann mußten für zahlreiche Gegenstände, die man zur Zeit der Propheten noch gar nicht kannte, neue hebräische Namen gefunden werden.
Schon seit seiner Ankunft in Jerusalem hatte Ben Yehuda mit einem Bienenfleiß auf Tausenden von kleinen Zetteln Notizen über solche Wörter gesammelt. Zusammen mit Gleichgesinnten gründete er den Va'ad HaLashon, einen Rat der hebräischen Sprache, den Vorläufer der späteren Akademie der hebräischen Sprache.
Ben Yehuda konnte und wollte nicht einfach frei erfundene, hebräisch klingende Vokabeln anbieten, sondern es lag ihm viel daran, verschollene, echt hebräische Wörter aus alten Büchern und Manuskripten »auszugraben«. In den großen Bibliotheken Europas oder Amerikas würde er wertvolle Unterlagen finden; aber wie sollte er solche Reisen und den Druck des Lexikons überhaupt finanzieren?
Da kam ihm seine Frau Chemda zu Hilfe. Sie war eine außerordentlich tüchtige und kluge Frau. Sie gebar sechs Kinder und hatte neben den Lasten eines großen und gastfreien Haushalts die Kraft, am Werk ihres Mannes teilzunehmen, ihn zu ermutigen und zu inspirieren. Sie verstand es immer wieder, Elieser zu einer Reise zu bewegen, auf der sie dann bei einflußreichen Freunden und Bekannten um Spenden vorsprach, während ihr Mann sich in irgendeiner Bibliothek in Berge von Büchern vergrub. Auf diese Weise verbrachten Elieser und Chemda die Jahre des Ersten Weltkriegs in den Vereinigten Staaten. Der gesammelte Stoff war schließlich so umfangreich, daß sich ein Riesenwerk abzeichnete, das am Ende

17 Bände umfaßte. Es wurde allerdings erst lange nach Eliesers Tode im Jahre 1959 abgeschlossen. Schon mit dem ersten Band war deutlich, daß es sich um ein glänzendes Werk handelte, das den höchsten philologischen Ansprüchen genügte. Elieser Ben Yehuda erwarb sich bald den Ruhm eines großen Gelehrten. Damit war es auch leichter, Spender zu gewinnen.

In seinem Kampf gegen den Hilfsverein der deutschen Juden, die Deutsch als Unterrichtssprache an den Schulen und am neuen Technikum in Haifa einführen wollten, gewann Ben Yehuda begeisterte Anhänger. Er organisierte Demonstrationen und Streiks von Lehrern, Studenten und Schülern, die alle bereit waren, für die hebräische Sprache in den Kampf zu ziehen, der schließlich in einem Kompromiß endete: Es wurde in Deutsch und in Hebräisch unterrichtet.

Ben Yehuda durfte es noch erleben, daß auf den Gassen Jerusalems Hebräisch als Alltagssprache gesprochen wurde. Das Haus, in dem die ersten Kinder mit hebräischer Muttersprache aufgezogen worden waren, wurde zu einem kulturellen Mittelpunkt. Ben Yehuda war aufgeschlossen für bildende Kunst, Literatur und Wissenschaft. Er war Geschäftsführer beim Gründungskomitee der Hebräischen Universität. Als er 1922 starb, gaben ihm 30000 Trauernde das letzte Geleit.

Theodor Herzl
und die Entstehung des Zionismus

Wir schreiben den 29. August 1897 und befinden uns im Stadtkasino, einer Festhalle auf dem Steinenberg in Basel. Nach und nach treffen rund 120 Delegierte aus fünfzehn Ländern ein. Auf den Einladungen, die in alle Welt gegangen waren, war dazu aufgefordert worden, die wichtigsten Vertreter aller jüdischen Gemeinden zu entsenden. Die Galerien sind dicht besetzt von Besuchern. Die Korrespondenten aller führenden Zeitungen Europas sind vertreten. Dr. Theodor Herzl, der Initiator der Versammlung, ein noch vor wenigen Jahren unbekannter Mann, ist selbst Journalist mit hervorragenden Verbindungen zu allen großen Blättern Europas.

An der Stirnseite des Saales hängt eine Fahne, die bis dahin noch niemand gesehen hatte: Weiß mit blauen Streifen auf beiden Längsseiten, an einen jüdischen Gebetsschal erinnernd und dem Davidstern in der Mitte: die heute in aller Welt bekannte israelische Flagge. Sie war von David Wolffsohn, der später Herzls Nachfolger weden sollte, entworfen worden und ist zusammen mit der israelischen Nationalhymne Hatikvah (»Die Hoffnung«) seit diesem großen Tag zum Symbol der neuen Bewegung geworden.

Was die Delegierten in dieser Stunde bewegt, ist die Lage der Juden, vor allem in Palästina. Dort haben sich die Dinge seit etwa 15 Jahren drastisch verändert. Bis Anfang der 80er Jahre des 19. Jahrhunderts war das Land zwischen Jordan und Mittelmeer eine verschlafene Landschaft, seit Jahrhunderten ein abgelegener Teil des türkisch-osmanischen Reiches.

Die Zahl der Juden, die unter einer großen Mehrheit von moslemischen Arabern lebte, hat damals vielleicht 25 000 betragen. Sie wohnten fast alle in den vier heiligen Städten Jerusalem, Tiberias, Safed und Hebron. Viele von ihnen waren Handwerker, nicht wenige aber hatten nichts anderes im Sinn, als die Thora zu studieren, zu beten und im Lande zu sterben. Sie waren auf die Unterstützung durch ihre Glaubensgenossen in der Diaspora angewiesen.

Immerhin hatten schon 1868 die deutschen Templer in Haifa ihre erste Siedlung gegründet; und Juden aus Jerusalem hatten 10 Jahre später in Petah Tikva die erste landwirtschaftliche Siedlung angelegt.
Und nun, im Jahre 1882, setzt auf einmal die Rückwanderung der weltweiten Judenheit nach Israel ein, eine höchst eindrucksvolle Bewegung, die in unseren Tagen mit einer riesigen Einwanderungswelle russischer Juden einen neuen Höhepunkt erreicht.
Die äußere Ursache und der unmittelbare Anlaß dieser ersten Alijah, der ersten großen Einwanderungswelle seit der Vertreibung der Juden aus Spanien, waren die Pogrome, die mit dem gewaltsamen Tod Alexanders II. im Jahre 1881 in Rußland begannen und sich wie in einer Kettenreaktion fortsetzten. Unter den Revolutionären, die den Zar ermordet hatten, tauchte der Name einer Jüdin auf. Das war für die Behörden des Zars und alle Judenhasser ein willkommener Anlaß, eine Verfolgungswelle in Gang zu setzen.
Dessen Sohn und Nachfolger, Zar Alexander III., erließ 1882 die berüchtigten Mai-Gesetze, die den Juden das Leben ungeheuer erschwerten. Ihre Hoffnung auf Gleichberechtigung war zerstoben.
In dieser Stunde war es ein jüdischer Arzt aus Odessa mit dem Namen Leo Pinsker, der in einer Schrift mit dem Titel »Auto-Emanzipation« dazu aufrief, die im Zuge der Aufklärung erkämpfte Befreiung aus der Enge des Ghettos durch eine nationale Befreiung abzusichern.
In Rußland sammelten sich Gleichgesinnte unter der Bezeichnung Chovevei Zion, Freunde Zions, die ihre Blicke nach Palästina richteten. Sie vor allem waren die Träger der ersten Alijah, und eine kleine Gruppe, die sich BILU nannte – aus den hebräischen Anfangsbuchstaben des Wortes Jesaja 2,5: »Haus Jakobs, kommt, wir wollen gehen« –, gehörte zu den ersten Pionieren.
Die Einwanderer hatten mit unsäglichen Schwierigkeiten zu kämpfen. Viele waren dankbar für die großzügige Unterstützung des französischen Barons Edmond de Rothschild; andere, wie der im Jahre 1906 aus Polen ins Land gekommene David Grün, später Ben Gurion, rangen um ihre soziale Unabhängigkeit.

Wenn wir von den Anfängen des Zionismus reden, wären noch Namen wie Rabbi Zvi Hirsch Kalischer oder Moses Hess zu nennen. Aber alle diese Stimmen aus dem Osten, auch die eines Nathan Birnbaum, ebenfalls Doktor der Rechte aus Wien, hatten nicht die Wirkung wie der mitreißende Aufruf Theodor Herzls, der selbst zutiefst davon überzeugt war, daß das politische Ziel der Gründung eines jüdischen Staates zu einer Lösung des Judenproblems führen müsse. Herzl wurde, wo immer er auf seinen Reisen auftauchte, von Juden mit begeisterten Ovationen begrüßt und als Retter verehrt. Daß es auch an Zweiflern und Spöttern nicht fehlte, kann man sich leicht vorstellen.

Dr. Theodor Herzl, der Initiator des Zionismus.

Theodor Herzl wurde 1860 in Budapest als Sohn eines reichen Bankiers geboren. Seine Eltern besuchten einmal in der Woche die Synagoge und hielten die großen jüdischen Feste. Theodor selbst hatte wohl keine tiefen Glaubensbindungen. Er war an europäischer Bildung interessiert und studierte Rechtswissenschaft in Wien, wo er mit 24 Jahren zum Doktor der Rechte promovierte. Seine freie Zeit widmete er seinen schriftstellerischen Neigungen. Seine besondere Begabung zeigte sich in hervorragenden Aufsätzen über soziale und kulturelle Ereignisse der Zeit, so daß er die Juristerei aufgab, um eine glänzende Karriere als Journalist einzuschlagen und schließlich die begehrte Stellung eines Pariser Korrespondenten der Neuen Freien Presse zu erlangen.
In seiner Pariser Zeit nahm er als Journalist an einem aufsehenerregenden Prozeß teil, der die Gemüter Europas zutiefst aufwühlte. Ein französischer Hauptmann namens Alfred Dreyfus wurde beschuldigt, den Deutschen geheime militärische Informationen zugespielt zu haben. Weil dieser Hauptmann Jude war und der europäische Antisemitismus damals seltsame Blüten trieb, gewann dieser Spionage-Prozeß eine Bedeutung, die weit über den eigentlichen Anlaß hinausging. Dreyfus wurde wegen Landesverrats verurteilt und lebenslänglich auf die Teufelsinsel verbannt. Erst nach Jahren stellte sich heraus, daß das Urteil falsch und Dreyfus unschuldig war.
Als sich die Tatsache eines Justizirrtums abzeichnete, schrieb Emile Zola, der berühmte französische Schriftsteller, einen Artikel in »L'Aurore« mit dem Titel: »Ich klage an ...!«, der das Volk zur Weißglut brachte.
Herzl erlebte die Empörung der Volksmassen, die jüdische Geschäfte plünderten, Juden verprügelten und »A la mort les Juifs – Tod den Juden!« schrien. Von diesem Augenblick an ließ ihn die Tatsache seines eigenen Judeseins nicht mehr los. Schon als Student war er als Jude aus seiner akademischen Verbindung »geschaßt« worden. Er beschäftigte sich fortan intensiv mit der Frage, wie die Juden dem Haß der Völker entrinnen könnten und was zu tun sei, um ihnen ein neues Selbstbewußtsein zu vermitteln.
Solche Fragen fesselten ihn Tag und Nacht. Er fing an, jüdische

Gottesdienste zu besuchen, und faßte den Plan, ein Spiel mit dem Titel »Das Verheißene Land« zu schreiben. Er nahm Verbindung mit einflußreichen Juden auf und verfaßte schließlich 1896 seine berühmte Schrift »Der Judenstaat«. Dort heißt es unter anderem:

> »Wir sind ein Volk, Ein Volk. Wir haben überall ehrlich versucht, in der uns umgebenden Volksgemeinschaft unterzugehen und nur den Glauben unserer Väter zu bewahren. Man läßt es nicht zu. Vergebens sind wir treue ... Patrioten, vergebens bringen wir dieselben Opfer an Gut und Blut wie unsere Mitbürger, vergebens bemühen wir uns, den Ruhm unserer Vaterländer in Künsten und Wissenschaften, ihren Reichtum durch Handel und Verkehr zu erhöhen. In unseren Vaterländern, in denen wir ja auch schon seit Jahrhunderten wohnen, werden wir als Fremdlinge ausgeschrien ... Niemand ist stark oder reich genug, um ein Volk von einem Wohnort nach einem andern zu versetzen. Das vermag nur eine Idee. Die Staatsidee hat wohl eine solche Gewalt. Die Juden haben die ganze Nacht ihrer Geschichte hindurch nicht aufgehört, diesen königlichen Traum zu träumen: ›Über's Jahr in Jerusalem!‹ ist unser altes Wort. Nun handelt es sich darum zu zeigen, daß aus dem Traum ein tagheller Gedanke werden kann.«

Kehren wir zurück zum ersten Zionistenkongreß nach Basel. Als Herzl mit seiner Begrüßungsansprache begann, erhoben sich alle Delegierten und applaudierten eine Viertelstunde lang. Sein Name war weltbekannt geworden. Die stattliche Erscheinung Herzls und seine Art, sich zu geben und zu reden, müssen eine unglaubliche Faszination ausgeübt haben. Einstimmig wurde er zum Präsidenten der Zionistischen Bewegung gewählt. Er hatte als jahrelanger Pressebeobachter bei der französischen Deputiertenkammer parlamentarische Erfahrungen gesammelt und leitete die Versammlung glänzend. Sprecher der verschiedenen Länder berichteten über die Lage der Juden.

Die Basler Erklärung, die am Ende der dreitägigen Konferenz angenommen wurde, formulierte als das Ziel der zionistischen Bewegung eine öffentlich anerkannte und rechtlich gesicherte Heimstätte. Der Ort, an dem diese Heimstätte errichtet werden sollte, wurde zunächst nicht genannt. Er war auch in den folgenden Jahren wegen der vergeblichen Versuche, das Einverständnis des Sultans Abdul Hamid zu erhalten, Gegenstand heftiger Diskussion. Aber alle Vorstellungen, eine jüdische Heimstätte irgendwo anders als in Palästina zu errichten – Uganda war eine Zeitlang im Gespräch –, stießen auf den erbitterten Widerstand vor allem der Ostjuden, denen das Herz gebrochen wäre, wenn nicht Jerusalem der Ort ihrer Sehnsucht und ihrer Hoffnung hätte sein können.

Mit unermüdlichem Eifer suchte Herzl in den folgenden Jahren die Idee einer politisch gesicherten Heimat der Juden in zahllosen Gesprächen mit Politikern, darunter auch Bismarck und Kaiser Wilhelm II., in die Wirklichkeit umzusetzen. Er erlebte schwere Enttäuschungen, hatte aber auch wichtige Erfolge zu verzeichnen. Außer der Gründung der zionistischen Weltorganisation war seiner Initiative vor allem die Einrichtung des Jüdischen Nationalfonds zu verdanken, der zum Aufkauf von Land in Palästina bestimmt war.

Herzl gab niemals die Hoffnung auf und kämpfte bis zu seinem frühen Tod im Juli 1904. Stefan Zweig schildert, wie bei seiner Beerdigung, an der 6 000 Menschen teilnahmen, plötzlich eine riesige Menschenmenge in wilder Verzweiflung auf seinen Sarg zugestürmt sei, weinend und klagend, eine tumultartige Szene. Niemals zuvor, schreibt Stefan Zweig, habe er eine solch elementare Trauer erlebt wie bei dieser Beerdigung. Im August 1949, nach der Staatsgründung, sind Herzls Gebeine seinem Wunsche gemäß nach Jerusalem gebracht und vor den Toren der Stadt auf dem Mount Herzl bestattet worden.

Chaim Weizmann und die Balfour-Erklärung

Nach dem Tode Theodor Herzls, dem es nicht mehr vergönnt war, eine politische Absicherung einer jüdischen Heimstätte in Palästina zu erreichen, mußte die zionistische Bewegung jahrelang auf der Stelle treten. Weite Kreise der orthodoxen Juden im Osten Europas und der assimilierten im Westen standen ihr gleichgültig gegenüber. Erst der Ausbruch des Ersten Weltkriegs, ein Jahrzehnt nach Herzls Tod, brachte eine deutliche Veränderung der Dinge. Daß die Türkei gegen Rußland in den Krieg eintrat, wirkte sich für die Juden in Palästina verhängnisvoll aus. Russische Juden wurden unter dramatischen Umständen vertrieben. Viele Juden standen vor der Frage, ob sie Palästina verlassen oder sich durch die förmliche Annahme der türkischen Staatsbürgerschaft Sicherheit verschaffen sollten. Durchsuchungen, Verhaftungen, Ausweisungen und Hunger waren an der Tagesordnung. In dieser Zeit kam der Einwandererstrom, der sogenannten zweiten Alijah, zum Erliegen, und etwa 10 000 Juden fanden Asyl in Ägypten.

Der Weltkrieg hat die internationale Zusammenarbeit der zionistischen Gruppen erheblich erschwert, weil selbst zionistische Juden sich in erster Linie als Angehörige ihrer »Vaterländer« verstanden und sich mit ihren Kriegszielen identifizierten. Die Bewegung drohte in diesen Jahren auseinanderzubrechen.

Der entscheidende Vorteil aber, den der Erste Weltkrieg für das jüdische Volk bringen sollte, war das sich immer deutlicher abzeichnende Ende des türkisch-osmanischen Reiches. Sollten die sogenannten Mittelmächte den Krieg verlieren, so würde jedenfalls der Nahe Osten unter den Siegermächten zu verteilen sein. Da Rußland sich für den Bereich um das Schwarze Meer und den dortigen Zugang zum Mittelmeer interessierte, lag es nahe, den Nahen Osten zwischen England und Frankreich aufzuteilen. Das 1916 erreichte sogenannte Sykes-Picot-Abkommen, nach den englischen und französischen Unterhändlern benannt, sah eine solche Auftei-

lung vor, ging allerdings davon aus, daß das Kerngebiet des heutigen Israel unter eine internationale Verwaltung gestellt werden sollte, und zwar wegen des Interesses von Christen, Juden und Moslems an den heiligen Stätten.
Daß die Dinge, was Palästina anlangt, anders kommen sollten, war vor allem einem Manne zu danken, der in diesen Jahren die Zukunft der zionistischen Sache entscheidend geprägt hat: Chaim Weizmann.

Chaim Weizmann ist 1874 in der Nähe von Pinsk in Weißrußland als drittes von zwölf Kindern geboren. Er war als junger Mann Mitglied der Chovevei Zion und ein Anhänger und kritischer Verehrer Theodor Herzls. In seiner Studentenzeit, die er zum Teil in Deutschland verbrachte, las er mit Begeisterung die Schriften von Asher Ginzberg, der unter dem Pseudonym Achad Ha'am (einer aus dem Volk) die zionistische Bewegung kritisch begleitete und positiv befruchtete. Während Herzl das Schwergewicht auf politische Aktionen legte, machten die Kritiker die Förderung der jüdischen Kultur zu ihrem Anliegen.
Weizmann war ein hochbegabter Wissenschaftler und Dozent für Biochemie an der Universität Manchester. Wie Herzl suchte auch Weizmann schon als junger Mann den Kontakt zu hohen Politikern. Er war eine außerordentlich gewinnende Persönlichkeit und hatte die Gabe, sich auf sein Gegenüber so einzustellen, daß er immer wieder Zustimmung fand, ja sogar Begeisterung hervorrief.
Bereits im Jahre 1906 hatte er eine Begegnung mit Lord Balfour, dem späteren britischen Außenminister, die den Politiker für die Sache des Zionismus gewann. Danach kam er in Berührung mit den späteren Premierministern Lloyd George und Winston Churchill.
Im Ersten Weltkrieg wurde Weizmann von Lloyd George, der damals Vorsitzender des Munitions-Komitees war, nach London gebeten und gefragt, ob er dem Mangel an Aceton abhelfen könne, einem Mittel, das für die Herstellung von Munition benötigt wurde. Weizmann wurde zum Direktor des chemischen Laborato-

riums der britischen Kriegsmarine bestellt und löste das Problem, indem er ein neues Verfahren zur Herstellung von Aceton entwickelte.
Weizmann war anerkannter Sprecher der zionistischen Bewegung in England und später jahrzehntelang nahezu unumstrittener Präsident der zionistischen Weltorganisation. Nach der Balfour-Erklärung, die vor allem ihm zu verdanken ist, hat sich Weizmann noch in vielfältiger Weise verdient gemacht. Er hat mit einem Riesenerfolg Gelder für die Juden in Palästina gesammelt und dazu

Dr. Chaim Weizmann.

1921 den Keren Hayesod, den Gründungsfonds, errichtet (nicht zu verwechseln mit dem von Herzl gegründeten Jüdischen Nationalfonds KKL).
1925 konnte Weizmann, der immer schon das Projekt einer Universität in Palästina verfolgt hatte, zusammen mit Balfour an der Einweihung der Hebräischen Universität auf Skopusberg teilnehmen.
Weizmann war es, der 1947 in letzter Minute eine Änderung des Teilungsplans der Vereinten Nationen erreichte, durch die der Negev zum Gebiet des neu zu gründenden jüdischen Staates geschlagen wurde, und zwar in einem persönlichen Gespräch mit dem amerikanischen Präsidenten Truman. Und Weizmann war es auch, der Truman dazu bewegen konnte, den Staat Israel wenige Stunden nach seiner Ausrufung anzuerkennen und ihm damit eine hervorragende moralische Unterstützung zu verschaffen.
Als Weizmann im Alter von 74 Jahren und fast erblindet zum ersten Staatspräsidenten Israels gewählt wurde, war der Höhepunkt seiner politischen Aktivität bereits überschritten. Der zwölf Jahre jüngere Ministerpräsident Ben Gurion hatte ihn, seinen langjährigen Konkurrenten, aus dem Mittelpunkt des Geschehens verdrängt. 1952 ist Chaim Weizmann in Rehovot gestorben.

Doch zurück nach London, im Dezember 1916. Die Chancen für einen politischen Erfolg Weizmanns sind erheblich gestiegen, denn Lloyd George ist Premierminister und Lord Balfour Außenminister geworden. Beide kennen Weizmann persönlich und haben Verständnis für sein Anliegen. Sein Ziel ist eine Erklärung der englischen Regierung, mit der sie die Weichen für die Errichtung einer jüdischen Heimstätte in Palästina stellen sollte.
Die Gründung eines jüdischen Staates in Palästina, mindestens aber die verstärkte Ansiedlung von Juden in diesem Gebiet, hätte für die Briten zwei Vorteile: Einmal ist die Weltjudenheit ein Faktor, der den immer noch unbestimmten Ausgang des Krieges beeinflussen kann. Wenn es eine Möglichkeit gibt, die Gunst der Juden weltweit zu gewinnen, sollte sie genutzt werden. Und was liegt näher, als ihnen die lang ersehnte nationale Heimstätte in Palä-

stina zu versprechen?! Zum anderen wäre ein den Engländern wohlgesonnener Judenstaat in Palästina eine Absicherung der britischen Interessensphäre am Suez-Kanal, ein Bollwerk gegen Angriffe von Norden.
Zwei Namen sind mit der Balfour-Erklärung so eng und verdienstvoll verbunden, daß sie hier wenigstens genannt werden sollen: Herbert Samuel, Jude und hochrangiger Politiker, später der erste Hochkommissar in Palästina, und Sir Mark Sykes, hervorragender Orientalist und als Staatssekretär für den Nahen Osten Mitglied des Kriegskabinetts, ein wichtiger Kontaktmann zwischen der Regierung und den Zionisten.
Auch die Kriegsereignisse lassen eine baldige Entscheidung geraten erscheinen. Die britische Offensive von Ägypten her nach Norden kommt im Oktober 1917 unter General Allenby in Bewegung. Seine Erfolge sind derart, daß mit einer baldigen Befreiung Palästinas von den Türken zu rechnen ist.
Weizmann drängt nun die Regierung, bekommt allerdings aus den eigenen jüdischen Reihen heftige Kritik, die zu einer Verzögerung und Abschwächung des ursprünglichen Textes führt. Endlich, am 2. November 1917, nachdem auch der amerikanische Präsident Wilson grünes Licht gegeben hat, veröffentlicht das britische Außenministerium eine Erklärung in Form eines Briefes des Außenministers an Lord Walter Rothschild, das Haupt des britischen Zweigs der Familie. Rothschild ist kein Bankier, sondern Wissenschaftler und Vorsitzender der zionistischen Vereinigung Englands.

> »Lieber Lord Rothschild,
> ich habe die große Freude, Ihnen im Namen der Regierung Sr. Majestät die folgende Erklärung unserer Sympathie mit den jüdisch-zionistischen Bestrebungen zu übermitteln, eine Erklärung, die dem Kabinett vorgelegen hat und gutgeheißen worden ist:
> ›Die Regierung Sr. Majestät beobachtet mit Wohlwollen die Errichtung einer nationalen Heimstätte für das jüdische Volk in Palästina und wird ihr Möglichstes tun, dieses Vorhaben zu

fördern, wobei allerdings klarzustellen ist, daß nichts unternommen werden darf, was die bürgerlichen und religiösen Rechte der bestehenden nicht-jüdischen Gemeinden in Palästina oder die Rechte und den politischen Status von Juden in irgendeinem anderen Land beeinträchtigen könnte.‹
Ich wäre Ihnen dankbar, wenn Sie diese Erklärung der Zionistischen Vereinigung zur Kenntnis bringen könnten.

Ihr ergebener
Arthur James Balfour«

Man mag sich wundern, daß ein Stück Papier, ein Brief, in dem keine konkreten Zusagen enthalten sind, eine so entscheidende Bedeutung erlangt hat. Aber der Brief enthält außer einer Sympathieerklärung das Versprechen, der Sache nach Möglichkeit zum Erfolg zu verhelfen.

Entscheidend aber ist, daß dieses Versprechen von einer Siegermacht des Ersten Weltkriegs ausgeht, die größten politischen Einfluß hat. Mit der Balfour-Erklärung sind die Bemühungen der Zionisten um die Anerkennung ihrer Bestrebungen durch eine Großmacht zu einem vorläufigen Ziel gekommen. Was Theodor Herzl sich erhofft hatte und was Gegenstand seiner mühsamen Reisen zu allen einflußreichen Politikern seiner Zeit war, ist jetzt, 13 Jahre nach seinem Tod, endlich erreicht: Die politische Absicherung und Garantie der Siedlungsbestrebungen mit dem erhofften Endziel der Errichtung eines Staates.

Auf der Konferenz der Siegermächte des Ersten Weltkriegs von San Remo im Jahre 1920 wurde die Palästina-Frage so geregelt, daß den Engländern – später durch den Völkerbund bestätigt – das Mandat zur Verwaltung des Gebietes zugesprochen wurde. Lloyd George, der britische Premierminister, verabschiedete sich von Chaim Weizmann mit den Worten: »Nun haben Sie Ihren Staat. Es liegt nun bei Ihnen, das Rennen zu gewinnen.«

Der Holocaust

Wie kann ein Deutscher über den Holocaust reden? Sollte er nicht besser schweigen? Wir dürfen dieses Kapitel nicht verschweigen, denn es gehört zur Geschichte des jüdischen Volkes, ja, das Gedächtnis an diese Schreckenszeit wird von den Juden selbst sorgsam gehütet. Die Massenvernichtung der Juden in den Jahren 1942 bis 1945 ist der Gipfel alles Grausamen, das diesem Volk begegnet ist, ja alles Schrecklichen, das jemals Menschen ihren Mitmenschen angetan haben. Mit Worten ist nicht zu beschreiben, was den Juden in dieser fürchterlichsten Periode der Geschichte widerfahren ist. Es ist auch nicht sinnvoll, die Fakten aneinanderzureihen, wo doch die Frage nach dem Warum alles übertönt, eine Frage, die nicht – noch nicht – beantwortet werden kann. Mit jedem Versuch einer Antwort laufen wir Gefahr, maßlose Wunden, die kaum jemals verheilen können, neu aufzureißen.

Daß Juden nach ihrer wiederholten Verschleppung und Vertreibung aus ihrer Heimat über die Jahrtausende – zwar nicht überall, aber da und dort immer wieder – verfemt und verfolgt worden sind, ist eine Tatsache, deren Hintergründe von einem unergründlichen Dunkel umgeben sind. Die Begriffe Antisemitismus und Antijudaismus bezeichnen das Problem, geben aber keine Antwort. Über dem ungeheuer schweren Weg, den dieses Volk zu gehen hatte, liegt ein Schleier, den wir nicht aufheben können.

Das Wort »Pogrom« kommt aus dem Russischen und bedeutet soviel wie Verwüstung durch ein Unwetter. Es ist kennzeichnend, daß dieses russische Wort sich untrennbar mit den Untaten verbunden hat, die den Juden angetan worden sind: Hetze, Plünderungen und Gewalttaten. Im russisch-polnischen Sprachraum hatten sich gegen Ende des 17. Jahrhunderts die größten Teile des versprengten Volkes konzentriert, teils assimiliert, meist aber getrennt von den Einheimischen im Ghetto einer dörflichen Gemeinde lebend. Viele von ihnen und ihren Vorfahren waren aus Westeuropa gekommen, wo sie, vor allem in Spanien, grausam verfolgt worden waren. Nun sollte der Raum zwischen der Ostsee und dem

Der Distriktschef von Krakau

ANORDNUNG

Kennzeichnung der Juden im Distrikt Krakau

Ich ordne an, dass alle Juden im Alter von über 12 Jahren im Distrikt Krakau mit Wirkung vom 1. 12. 1939 ausserhalb ihrer eigenen Wohnung ein sichtbares Kennzeichen zu tragen haben. Dieser Anordnung unterliegen auch nur vorübergehend im Distriktsbereich anwesende Juden für die Dauer ihres Aufenthaltes.

Als Jude im Sinne dieser Anordnung gilt:

1. wer der mosaischen Glaubensgemeinschaft angehört oder angehört hat,

2. jeder, dessen Vater oder Mutter der mosaischen Glaubensgemeinschaft angehört oder angehört hat.

Als Kennzeichen ist am rechten Oberarm der Kleidung und der Überkleidung eine Armbinde zu tragen, die auf weissem Grunde an der Aussenseite einen blauen Zionstern zeigt. Der weisse Grund muss eine Breite von mindestens 10 cm. haben, der Zionstern muss so gross sein, dass dessen gegenüberliegende Spitzen mindestens 8 cm. entfernt sind. Der Balken muss 1 cm. breit sein.

Juden, die dieser Verpflichtung nicht nachkommen, haben strenge Bestrafung zu gewärtigen.

Für die Ausführung dieser Anordnung, insbesondere die Versorgung der Juden mit Kennzeichen, sind die Ältestenräte verantwortlich.

Krakau, den 18. 11. 1939.

Wächter

Szef dystryktu krakowskiego

ROZPORZĄDZENIE

Znamionowanie żydów w okręgu Krakowa

1) ten, który jest lub był wyznania mojżeszowego,

2) każdy, którego ojciec lub matka są lub byli wyznania mojżeszowego.

Entsprechend zum gelben Stern im Deutschland des Naziregimes mußten Juden im besetzten Polen einen blauen Stern tragen.

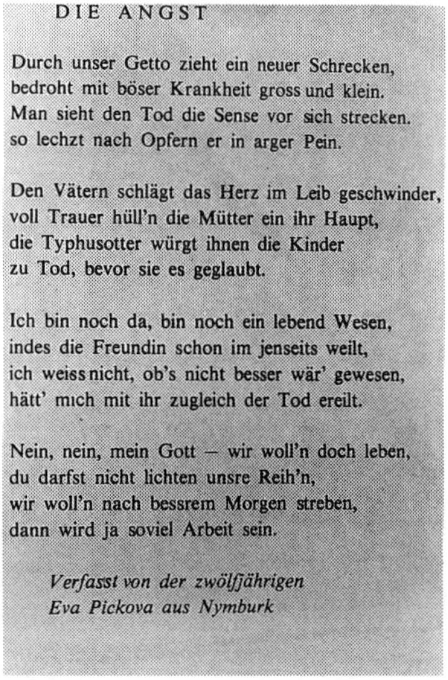

DIE ANGST

Durch unser Getto zieht ein neuer Schrecken,
bedroht mit böser Krankheit gross und klein.
Man sieht den Tod die Sense vor sich strecken.
so lechzt nach Opfern er in arger Pein.

Den Vätern schlägt das Herz im Leib geschwinder,
voll Trauer hüll'n die Mütter ein ihr Haupt,
die Typhusotter würgt ihnen die Kinder
zu Tod, bevor sie es geglaubt.

Ich bin noch da, bin noch ein lebend Wesen,
indes die Freundin schon im jenseits weilt,
ich weiss nicht, ob's nicht besser wär' gewesen,
hätt' mich mit ihr zugleich der Tod ereilt.

Nein, nein, mein Gott – wir woll'n doch leben,
du darfst nicht lichten unsre Reih'n,
wir woll'n nach bessrem Morgen streben,
dann wird ja soviel Arbeit sein.

Verfasst von der zwölfjährigen
Eva Pickova aus Nymburk

Wie verzweifelt die Lage in den Ghettos war, bringt dieses Gedicht eines 12jährigen Mädchens zum Ausdruck.

Schwarzen Meer, Litauen, die Ukraine, Weißrußland, Gebiete, die abwechslungsweise zu Polen und zu Rußland gehörten, auch die Länder am Balkan und den Karpaten, über Jahrhunderte zur Heimat des Leidens für Juden in der Diaspora, der Zerstreuung, werden.

Betrachtet man die neuere jüdische Geschichte der Rückwanderung nach Erez Israel, so beginnt sie mit den Pogromen aus Anlaß der Ermordung des russischen Zaren Alexanders II. im Jahre 1881 in Petersburg. Er fiel einer Bombe von Revolutionären zum Opfer; unter den Tatverdächtigen war eine Jüdin. Damit war ein Vorwand gegeben für Demütigungen und Greueltaten aller Art, in denen der oft tiefsitzende Judenhaß seinen Ausdruck fand. Damals und in den folgenden Jahren wurden Juden so grausam behandelt, daß Tausende von ihnen das Land verließen. Viele von ihnen flohen

nach Amerika, nicht wenige aber, besonders die von den Ideen des aufkommenden Sozialismus beeinflußten jungen Leute, siedelten nach Palästina über und bildeten den Auftakt der ersten großen Einwanderungswelle, der später so benannten Alijah I.
Was aber in den Jahren der Naziherrschaft in Europa geschah, überbietet alles Dagewesene und ist schlechthin unfaßlich. Wir versuchen, dem Geschehenen so standzuhalten, wie es einem Besucher der Gedenkstätte Yad Vashem zugemutet wird, die wir gewissermaßen miteinander durchschreiten.
Vor den Toren von Jerusalem, auf einem Bergvorsprung nach Westen, liegt diese Stätte in einer zauberhaften Landschaft. Das satte Grün der jungen Wälder an den Hängen der umgebenden Hügel und die in der Anlage selbst gepflanzten und stattlich herangewachsenen Johannisbrotbäume, die angenehmen Schatten spenden, vermitteln den Eindruck vollen Lebens und setzen einen starken Kontrast zu dem schweren Schweigen der Hallen, die das Grauen des Todes bergen. In Bildern, Filmen und Dokumenten aller Art wird hier die Geschichte der Zerstörung des europäischen

Die »Wand des Holocaust und Heldentums« in der Eingangshalle von Yad Vashem (gestaltet von Naftali Bezem).

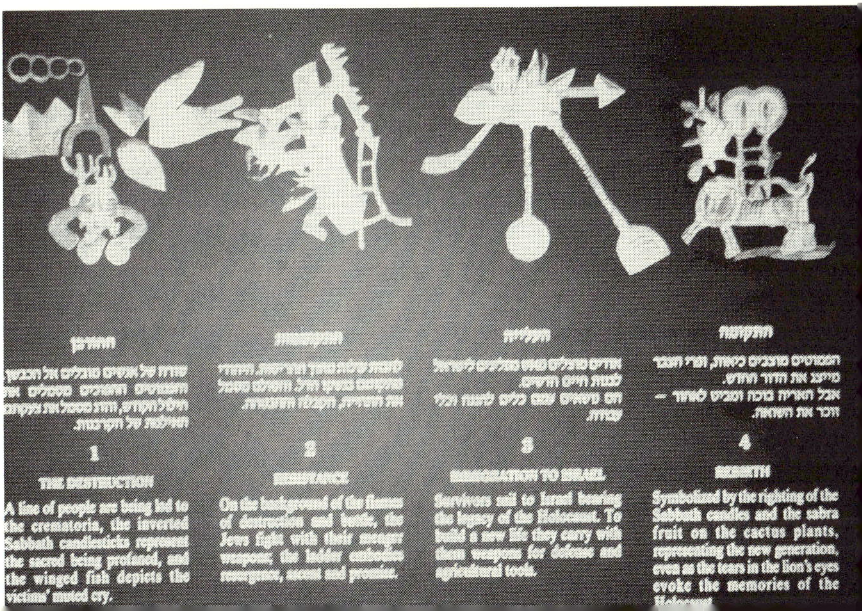

Linke Hälfte der »Wand des Holocaust ...« zu den Themen »Die Vernichtung« und »Der Widerstand«.

Rechte Hälfte der »Wand des Holocaust ...« zu den Themen »Heimkehr ins Land Israel« und »Die Wiedergeburt«.

»Der Stumme Schrei«.

Judentums dargestellt: Hitlers Aufstieg, seine wahnwitzige Idee von der »Endlösung«, das Leben der Juden in Osteuropa mit ihren Synagogen, Schulen, Familien und Arbeitsstätten, viele schreckliche Szenen des Zweiten Weltkriegs, der Zwangsarbeit und der Vernichtungslager: Gaskammern, Krematorien und Massengräber.
Der Name Yad Vashem – wörtlich übersetzt: »Hand und Name« – stammt aus dem Wort des Propheten Jesaja, Kapitel 56, Vers 5, das

»Und siehe, es lagen sehr viele Gebeine« (Hesekiel 37,2).

Janusz Korczak und die Kinder des Ghettos.

freier übersetzt lautet: »... denen will ich in meinem Hause und in meinen Mauern ein Denkmal und einen Namen geben«. Jesaja spricht von denen, die keine Nachkommen haben und Gottes Bund halten. In Yad Vashem sind die jüdischen Märtyrer, Soldaten und Untergrundkämpfer, die Widerstandskämpfer des Warschauer Ghettos gemeint und die Millionen von schweigenden Männern, Frauen und Kindern, die zur Vernichtung abgeführt wurden. Außerdem sollen aber auch die Edlen aus allen Völkern geehrt werden, die ihr Leben aufs Spiel setzten, um Juden zu retten, die sogenannten »Gerechten aus den Nationen«.
In der Gedenkhalle, einem zeltartigen Raum über schweren Mauern aus unbehauenen Basaltsteinen, blickt man von einer Galerie auf einen weiten Mosaikboden, der aus sechs Millionen kleinen Steinchen zusammengesetzt ist. Die Zahl der ermordeten Juden erscheint übrigens auch am sechsarmigen Leuchter beim Eingang der Anlage oder in den sechs riesigen Granitblöcken des

Soldaten- und Partisanendenkmals, die einen Davidsstern bilden, der von einem Schwert durchbohrt wird.
Auf dem beschriebenen Mosaikboden sind, verteilt über die ganze Halle, die Namen der größten Vernichtungslager zu lesen: Auschwitz, Treblinka, Theresienstadt und wie sie alle heißen. Eine einsame Flamme brennt inmitten eines zerbrochenen Bronzekelchs.
Ähnlich in ihrer Würde, aber geradezu unheimlich, wirkt die in völliges Dunkel gehüllte unterirdische Kindergedenkstätte. Man geht tastend wie über eine schmale Brücke. Ein paar Lichter, die mit Hilfe von Gläsern tausendfach widergespiegelt werden, erwecken den Eindruck eines von zahllosen kleinen Sternen erfüllten unendlichen Raumes. Jedes dieser kleinen Lichter steht für ein junges Menschenleben, eineinhalb Millionen Kinder, deren Name, Alter und Heimatort mit monotoner Stimme erklingen und im Raum verhallen.
In der Eingangshalle des bereits erwähnten Museums wird das Auge des Besuchers durch ein Relief gefesselt, das bei der Vielfalt seiner Symbole verschiedene Deutungen im einzelnen zuläßt, insgesamt aber eindrucksvoll den Weg vom Holocaust – mit den

»Der letzte Marsch« – Juden werden ins KZ abgeführt.

Uziel Spiegel – eines von 1,5 Millionen Kindern, die ermordet wurden.

Der Aufstand im Warschauer Ghetto.

gestürzten Shabat-Leuchtern – über den Widerstand und die Flucht der Überlebenden zur Wiedergeburt des jüdischen Volkes in Israel – mit dem Löwen Juda und den wiederaufgerichteten Leuchtern – darstellt.

Ehre den jüdischen Widerstandskämpfern.

Von den vielen künstlerischen Monumenten im Freien seien nur einige wenige herausgegriffen. Als »Der stumme Schrei« oder »Das stumme Weinen« wird eine Statue betitelt, die einen Beter darstellt, der, wie auf einem Scheiterhaufen stehend, sein unter dem Gebetsschal verhülltes Haupt in seine Hände stützt und seine Klage vor Gott bringt. Zu seinen Füßen liegen kleine und größere lose Steine, die nach jüdischer Sitte von Passanten zum Zeichen der Teilnahme hingelegt werden.
In einer vergleichbaren Haltung unsäglichen Schmerzes, zwar mit unverhülltem und erhobenem Haupt doch mit geschlossenen Augen, verharrt vor uns die großartige Hiobsgestalt von Nathan Rapoport. Wie ein Schrei über das weite Land wirkt ein Mahnmal, das an einen Stacheldrahtzaun erinnert, der aus ausgehungerten Menschenleibern und verzweifelt ausgestreckten Händen gebildet wird. Wer die Geschichte des Warschauer Kinderarztes Korczak und seiner von ihm in die Gaskammer begleiteten Heimkinder kennt, ist zutiefst bewegt von der Darstellung dieser Gruppe mit

der großen väterlichen Hand, die die Jungen umschlingt und an sich drückt.
Ein Zeichen der Hoffnung inmitten der bedrückenden Denkmale ist die sogenannte »Allee der Gerechten«, die um den Hauptkomplex der Gedenkstätte herumführt und zum Aufatmen einlädt. Sie ist gesäumt von Johannisbrotbäumen, die zu Ehren von Nichtjuden aus allen Nationen gepflanzt sind, die in der Zeit des Holocausts ihr Leben eingesetzt haben, um Juden zu retten. Ihre Namen sind bei jedem Baum auf einer kleinen Tafel am Boden verzeichnet. Es sind mehrere tausend, und immer neue treue Freunde des Judenvolkes werden entdeckt und hier geehrt.
Was eine Zahl von sechs Millionen eigentlich bedeutet, mag man sich mit folgender Überlegung vergegenwärtigen: Wenn ich mit dem Flugzeug von Stuttgart nach Tel Aviv reise, lege ich etwa 3 000 km zurück. Man stelle sich vor, am Wege stehe das Millionenheer der Todgeweihten Schulter an Schulter aufgereiht, zwei auf einem Meter. Ich fliege etwa drei Stunden und zwanzig Minuten mit einer Geschwindigkeit von ungefähr 900 km pro Stunde. In einer Sekunde komme ich an 500 Menschen vorbei. Wenn ich also die Summe von sechs Millionen in wahrlich große Gruppen von 500 Menschen unterteile – man stelle sich einen großen Konferenzsaal mit 500 Besuchern vor – und die Gesamtzahl wenigstens in solchen Teilbeträgen aufzählen wollte, müßte ich weit über drei Stunden lang im Sekundentakt die Worte »Fünfhundert – fünfhundert – fünfhundert ...« vor mich hinsagen.
Es ist schauerlich, sich diese Zahl vorzustellen und sich klarzumachen, daß es um einzelne Menschen geht, von denen jeder seine eigene Herkunft, seinen Namen und seine Familie hatte, Eltern, Kinder und Geschwister, um Menschen, die nur deshalb ermordet wurden, weil sie jüdischer Abstammung waren.
Einem Zweifler, der diese Zahl in Frage stellt, sei empfohlen, in Yad Vashem die Bibliothek mit ihren mehr als 80 000 Bänden aufzusuchen oder nach den Archiven zu fragen, die mehr als 50 Millionen Dokumente enthalten. Er wird die Hand auf seinen Mund legen, wenn er ein menschliches Herz hat. So soll es auch dem ergehen, der sich dazu versteigt, angesichts von Geschehnissen der

Die Säule des Gedenkens.

Ein Boot, mit dem Juden über die Nordsee gerettet wurden.

Gegenwart, von Szenen aus den jüdisch-arabischen Auseinandersetzungen, den Israelis vorzuwerfen, sie verhielten sich heute ebenso wie einst die Nazis. Wer so sagt, zeigt, daß er über kein Unterscheidungsvermögen verfügt.
Das Wort »Holocaust« kommt aus dem Griechischen und bedeutet Brandopfer oder Ganzopfer. Was wir in Yad Vashem sehen, erinnert an den im Erdboden sterbenden Samen. Für den, der glaubt, ist die ganze Luft erfüllt von der Erwartung des kraftvoll aufgehenden Sprosses. Wir hoffen auf den Tag, an dem wir das Lied des 126. Psalms so verstehen, daß es uns mitreißt:

»Wenn der Herr die Gefangenen Zions erlösen wird,
so werden wir sein wie die Träumenden,
dann wird unser Mund voll Lachens und unsre Zunge
voll Rühmens sein;

dann wird man sagen unter den Heiden: ›Der HERR
hat Großes an ihnen getan.‹
Ja, der Herr hat Großes an uns getan, des sind wir fröhlich.
HERR, bringe zurück unsere Gefangenen, wie du die Bäche
wiederbringst im Südland.
Die mit Tränen säen, werden mit Freuden ernten.
Sie gehen hin und weinen und streuen ihren Samen
und kommen mit Freuden und bringen ihre Garben.«

Ben Gurion und die Staatsgründung

So sehr sich Juden und Engländer einst die Verwaltung Palästinas durch England gewünscht hatten, so lästig, ja unerträglich war das Mandat im Laufe seiner fast 30jährigen Dauer nicht nur für die Juden, sondern auch für die Engländer geworden. Die Briten mußten auf die Interessen der Araber Rücksicht nehmen, weil sie auf ihr Öl angewiesen waren. Und weil die Araber gegen die ständig neuen Wellen jüdischer Einwanderer immer schärfere Proteste erhoben, sah sich England genötigt, die Einwanderung mehr und mehr zu beschränken. Diese Entwicklung endete in den Jahren nach dem Zweiten Weltkrieg mit einer geradezu grausamen Seeblockade. Schiffe mit Überlebenden des Holocaust wurden aufgebracht, die maßlos Enttäuschten nach Europa zurücktransportiert oder in Zypern hinter Stacheldraht interniert.
Das Weißbuch von 1939 wurde allen Hoffnungen zum Trotz bis zum Ende des Mandats rigoros angewendet. Es stoppte die Einwanderung nahezu vollständig zu einem Zeitpunkt, da sich die Lage der Juden in Europa weiter verschärfte und der Holocaust bereits im Gange war. Die Haltung des britischen Außenministers Bevin war unbegreiflich und geradezu bösartig. Für die Juden in Palästina gab es keine andere Wahl als die Verteidigung durch verbissenen Kampf gegen die Engländer. Und so kamen die letzten bitteren Jahre des Mandats, die zu einem denkbar unrühmlichen Abgang Englands von der Bühne des Nahen Ostens führten.

In diesen Jahren setzte sich Ben Gurion durch, ein Mann, der aus noch härterem Holz geschnitzt war als Chaim Weizmann. David Ben Gurion, eigentlich David Grün – das Pseudonym hat er sich später in Erinnerung an den Verteidiger Massadas zugelegt –, ist im Jahre 1886 in Plonsk in Polen geboren. Sein Vater wurde, als David acht Jahre alt war, Anhänger der Chovevei Zion.
In Warschau bekam David Grün zu spüren, was es damals für die Ausbildung bedeutete, Jude zu sein. Er erhielt eine Teilzeitbeschäftigung als Lehrer und nahm Privatunterricht in Russisch, Physik

und Mathematik. In Warschau beeindruckten ihn die Revolutionäre, die 1905 erstmals gegen den Zaren auf den Plan traten. Er schloß sich der neugegründeten zionistischen Arbeiterpartei an, wo er sich bald als Redner auszeichnete und wiederholt verhaftet wurde.
1906, im Alter von 19 Jahren, konnte er nach Palästina ausreisen. Der sozialistische Einschlag, der seine Warschauer Zeit geprägt hatte, hat ihn auch in Palästina in die Reihen der Arbeiter geführt. Er lernte die harte Landarbeit kennen und wehrte sich dagegen,

David Ben Gurion.

Pioniere beim Aufbau der Landwirtschaft (1).

von der Gnade der Rothschilds zu leben. Er war immer davon überzeugt, daß die alte und neue Heimat der Juden nur mit Fleiß und der Hände Arbeit erkämpft werden konnte.
Ben Gurion war einer der ersten Generalsekretäre der Histadrut, der einflußreichen Arbeitergewerkschaft, und bis ins hohe Alter unangefochtener Führer der Mapai, der Arbeiterpartei Israels, ein Mann von eisernem Willen, zielstrebig, unbeugsam und unbequem. Bewährte Streiter konnte er wie Schachfiguren opfern, wenn sie seinen Plänen im Wege standen. Er war ein politisches Naturgenie mit einem untrüglichen Instinkt für das Notwendige und Mögliche.
Als auf dem Höhepunkt der Suezkrise ein Krieg unausweichlich erschien, holte man den fast 69jährigen Ben Gurion, der knapp drei Jahre vorher als Ministerpräsident zurückgetreten war, aus seinem Ruhestand in Sde Boker zurück und übertrug ihm das Ver-

teidigungsministerium; und noch im Jahre 1967, vor dem Sechs-Tage-Krieg, suchten die Militärs den Rat des Achtzigjährigen. Ben Gurion starb 1973 am Vorabend des Yom-Kippur-Krieges und wurde am Rande der Wüste in Sde Boker beerdigt.
Doch zurück zu den Jahren vor der Staatsgründung. Ben Gurion stellte sich nüchtern dem Kampf gegen die Engländer. Im Sommer 1945 reiste er in die USA und sammelte einige Millionen Dollar. Schwere Waffen wurden aufgekauft, auseinandermontiert und als Textilmaschinen getarnt nach Palästina verschifft. Täglich kam es zu ernsten Zusammenstößen zwischen britischen Truppen und den verbotenen Kampfeinheiten der Juden, sei es der Haganah und dem Palmach, die dem Oberbefehl Ben Gurions unterstanden, oder den radikalen paramilitärischen Einheiten der Lechi und des Irgun (auch Etzel genannt) unter der Führung von Menachem Begin.
Am 29. Juni 1946, der als Schwarzer Samstag in die Geschichte eingehen sollte, wurden von den Engländern, nachdem die Juden

Pioniere beim Aufbau der Landwirtschaft (2).

zehn Brücken gesprengt hatten, Ausgangssperren verhängt, Wohnungen durchsucht und massenhafte Festnahmen durchgeführt. Obwohl Ben Gurion zur Mäßigung mahnte und den Terrorismus verurteilte, holte der Irgun im Juli 1946 zu einem dramatischen Schlag aus, indem er den Südflügel des King-David-Hotels in Jerusalem sprengte, in dem sich ein Teil der britischen Mandatsverwaltung befand. Dabei kamen 90 Menschen ums Leben.

Im April 1947 wurde die Palästina-Frage auf Antrag der englischen Regierung vor den Vereinten Nationen erörtert. Nach Anhörung einer jüdischen Delegation wurde ein Sonderausschuß für Palästinafragen eingesetzt, des UNSCOP, der sich an Ort und Stelle ein Bild der Lage verschaffen sollte.

Es war eine seltsame Fügung, daß sich während der Anwesenheit dieses UN-Ausschusses das Drama des großen Flüchtlingsschiffes Exodus abspielte, das weltweit Aufsehen und Mitleid mit den gequälten Entronnenen des Holocaust erregte. Der Ausschuß empfahl die Beendigung des britischen Mandats und die Aufteilung Palästinas in einen jüdischen und einen arabischen Staat.

Pottaschegewinnung am Toten Meer (1944).

Pottaschegewinnung am Toten Meer (1968).

Das war für die Juden eine großartige Aussicht. Es kam jetzt alles darauf an, diesen Vorschlag in der Vollversammlung durchzubringen. Die Vertreter der Jewish Agency führten einen nervenaufreibenden Werbefeldzug, um die Stimmen der Mitgliedsstaaten für den Teilungsplan zu gewinnen. Am 29. November 1947 stimmte die Vollversammlung der Vereinten Nationen mit großer Mehrheit für die Teilung und die Beendigung des britischen Mandats spätestens zum 1. August 1948.
Ben Gurion erhielt die Nachricht in einem Hotel am Ufer des Toten Meeres. Die Menschen jubelten und tanzten. Er schrieb in sein Tagebuch: »Ich konnte nicht tanzen. Ich wußte, daß uns ein Krieg bevorstand und daß wir die Elite unserer Jugend in diesem Krieg verlieren würden.«
Er sollte rechtbehalten. Schon bald kommt es zu schweren Gefechten zwischen Juden und Arabern, wobei es meist um die Zufahrt zu jüdischen Siedlungen geht. Immer wieder werden Straßen

blockiert und Lastwagenkonvois aus dem Hinterhalt angegriffen. Ben Gurion richtet alle seine Anstrengungen auf die Ausstattung der Truppen mit schweren Waffen. Er beschließt, Flugzeuge anzuschaffen und Militärexperten aus dem Ausland anzuwerben. Maschinengewehre werden in der Tschechoslowakei gekauft, außerdem 25 deutsche Messerschmidt-Jagdflugzeuge aus dem Zweiten Weltkrieg.

Die Sache kostet Geld. Golda Meir, damals Leiterin der politischen Abteilung der Jewish Agency, fliegt nach Amerika und kommt nach zwei Monaten mit Zusagen über rund fünzig Millionen Dollar zurück.

Die Auseinandersetzungen werden härter. Das Ezion-Gebiet zwischen Hebron und Jerusalem fällt in die Hand der Feinde, und schließlich wird Jerusalem selbst abgeschnitten.

Dazu tauchen neue politische Wolken am Horizont auf. Weil abzusehen ist, daß die Proklamation eines jüdischen Staates weiter Öl ins Feuer gießen würde – ja, es geht buchstäblich um das Öl aus

Das Grab von David Ben Gurion und seiner Frau in Sde Boker.

Geleitschutz eines Versorgungskonvois nach Jerusalem (1948).

der saudi-arabischen Pipeline –, versucht Amerika zur Überraschung aller noch einmal, das Rad der Geschichte zurückzudrehen. Im Sicherheitsrat schlagen die USA vor, Palästina unter eine Treuhänderschaft der UN zu stellen. Dieser Plan stößt jedoch auf den entschiedenen Widerstand der amerikanischen Zionisten und findet auch international keine Unterstützung.

Das Ende des Mandats rückt näher. Die Engländer selbst haben das Datum auf den 15. Mai 1948 vorgezogen. Die Lage ist äußerst brisant. Da entschließt sich Ben Gurion zu einem Befreiungsschlag mit der Operation Nachschon (»Wagnis«). Eine 1 500 Mann starke Truppe wird zusammengezogen. Die Bewaffnung ist dürftig. Aber in einer der letzten Nächte vor dem geplanten Angriff landet ein Flugzeug aus der Tschechoslowakei mit Waffen und tags darauf kommt ein Frachtschiff, das die britische Seeblockade durchbrochen hat, im Hafen von Tel Aviv an mit 4 500 Gewehren und

200 Maschinengewehren an Bord, die unter Zwiebeln versteckt waren. So gelingt es, den Weg nach Jerusalem freizukämpfen und die Stadt für die nächsten Wochen zu versorgen.

Auf dem Höhepunkt der Operation Nachschon kommt es zu dem folgenschweren Zwischenfall von Deir Yassin, einem strategisch wichtigen Ort am Rande Jerusalems. Nachdem die Einwohner durch Lautsprecher vergeblich zum Verlassen ihrer Häuser aufgefordert wurden, werden 250 von ihnen, darunter Alte, Frauen und Kinder, von Einheiten des Irgun und des Lechi getötet. Unter den Arabern kommt es landesweit zu einer Panik, die zur Massenflucht führt. Die Rache der Araber bleibt nicht aus. Wenige Tage später wird ein Konvoi von Krankenfahrzeugen auf dem Weg zum Hadassah-Krankenhaus auf dem Skopusberg in einen Hinterhalt gelockt und in Brand geschossen. Mehr als 70 Juden – darunter Ärzte, Krankenschwestern und Mitarbeiter der medizinischen Fakultät – kommen ums Leben.

In dieser äußerst gespannten Atmosphäre wagt Ben Gurion den Schritt und lädt zum 14. Mai 1948 ins Museum nach Tel Aviv zur

Eine Davidka-Kanone – mehr Lärm als Schlagkraft, aber ein »Riesenerfolg« (1948).

Das Sanitätszentrum des Kibbuz Revivim wird aufgebaut (1948).

Ausrufung des jüdischen Staates ein. Dort wird kurz vor Eintritt des Sabbats von Ben Gurion folgende Erklärung verlesen:

> »Wir, die Mitglieder des Nationalrats, der das jüdische Volk in Palästina und die zionistische Bewegung in aller Welt vertritt, haben uns heute, am Tage der Beendigung des britischen Mandats für Palästina, in feierlicher Versammlung zusammengefunden und verkünden kraft des nationalen und historischen Rechts des jüdischen Volkes und der Resolution der Vollversammlung der Vereinten Nationen die Errichtung des Jüdischen Staates in Palästina – künftig Israel geheißen.
> Im Vertrauen auf den allmächtigen Gott unterzeichnen wir diese Deklaration auf der Sitzung des Provisorischen Staatsrates in der Stadt Tel Aviv, an diesem Sabbat, dem fünften Tage des Ijar 5708, am 14. Mai 1948.«

Denkmal für Mordechai Anilevitz.

Denkmal für die Verteidigung von Yad Mordechai durch 123 Juden gegen 3 500 Ägypter (Mai 1948).

Der Kibbuz Yad Mordechai im Jahr 1956.

Der Kibbuz Yad Mordechai im Jahr 1988.

Die Hatikvah, die Hymne der Hoffnung, ertönt über den Rundfunk in alle Welt, und die über 30 Vertreter des Volkes unterzeichnen die Pergamentrolle. Seit dieser Stunde gibt es einen Staat Israel. Der Jubel des Volkes ging schon nach wenigen Stunden unter im Kanonendonner des Unabhängigkeitskrieges, denn bereits am gleichen Tage waren die arabischen Armeen aufmarschiert, um Israel zu vernichten. Israel, ein Volk von damals etwa 600 000 Menschen, hat sich zum erstenmal gegen seine zahlenmäßig weit überlegenen Nachbarn behauptet.
Ein besonders eindrückliches Beispiel für Israels Widerstand im Unabhängigkeitskrieg ist der Kibbuz Yad Mordechai. Dieser Kibbuz, der ca. 10 km südlich von Aschkelon nahe der damaligen Grenze zu Ägypten liegt, war 1943 gegründet worden und dem Andenken von Mordechai Anilevitz gewidmet, einem der jüdischen Anführer im Aufstand des Warschauer Ghettos. Schon bald nach der Staatsgründung wurde Yad Mordechai von einer ägyptischen Armee belagert und völlig von seiner Umgebung abgeschnitten. Die wenigen Kibbuzbewohner verteidigten ihren Kibbuz sechs Tage lang aufopferungsvoll gegen die ägyptische Übermacht. Zwar obsiegten schließlich die Ägypter, doch wurde Yad Mordechai wenige Monate später von den israelischen Streitkräften zurückerobert.

Moshe Dayan und der Sinaifeldzug

Der Sinaifeldzug war ein Präventivschlag, den Israel führte, als die wachsende Bedrohung durch seine arabischen Nachbarn einen kritischen Grad erreicht hatte. Es war der letztlich gelungene Versuch Israels, die immer enger gezogenen Ketten zu sprengen und Freiheit und Sicherheit zurückzugewinnen.

Gamal Abd al-Nasser, der neue Stern am Himmel des Nahen Ostens, machte seit 1952 von sich reden und beanspruchte als ägyptischer Staatspräsident die Führung der arabischen Staaten. Lauthals stimmte er in ihren Ruf nach Vernichtung Israels ein. Er hatte es zu verantworten, daß ägyptische Küstenwachen die israelische Seeverbindung nach Eilat unterbanden. Wiederholte schwere Überfälle von Untergrundkämpfern aus dem Gaza-Streifen, die mit ägyptischen Waffen ausgerüstet waren, sorgten für Kriegsstimmung.

Im Februar 1955 nahm der fast 70 Jahre alte Ben Gurion, der sich zwei Jahre zuvor in seinen Wüstenkibbuz zurückgezogen hatte, das Ruder wieder in die Hand, zunächst als Verteidigungsminister, bald darauf auch als Ministerpräsident. Weil Nasser sich immer deutlicher auf die Seite der kommunistischen Staaten schlug, verschärfte sich der Gegensatz zu den Vereinigten Staaten. Sie stoppten schließlich ihre finanzielle Unterstützung des Assuan-Staudamm-Projekts. Nasser konterte, indem er am 26. Juli 1956 vor einer riesigen Volksmenge, die ihn enthusiastisch als Helden feierte, die Verstaatlichung des Suezkanals verkündete.

Hinzu kam, daß Ägypten im Herbst 1955 eine noch nie dagewesene Menge modernster sowjetischer und tschechoslowakischer Waffen kaufte, die im Sinai stationiert wurden. Ben Gurion war entschlossen, diesmal einem Überfall der arabischen Nachbarn zuvorzukommen. Er hatte den Plan eines Präventivkrieges schon 1955 gehabt, mußte ihn aber aufgeben, weil Israel damals auf keine Unterstützung von außen hoffen konnte.

Nun aber, da Großbritannien und Frankreich sich durch die Suezkrise von Ägypten herausgefordert sahen, lag es für Israel nahe,

mit diesen Mächten Verbindung aufzunehmen. Frankreich hatte einen weiteren Grund zum Zerwürfnis mit Ägypten, weil Nasser das aufständische Algerien unterstützte. Die Franzosen hatten im Frühjahr 1956 Israel mit modernen Waffen versorgt. So kam es nun zu intensiven Verhandlungen zwischen Israel, Frankreich und Großbritannien.
Während Israel sein Hauptinteresse auf die freie Schiffahrt im Golf von Akaba und die Ruhe im Gaza-Streifen richtete, hatten Frankreich und England vor allem den Suezkanal im Auge. Bei diesen Verhandlungen traten für Israel neben Ben Gurion und seiner neuen Außenministerin, der 58 Jahre alten Golda Meir, zwei Politiker in Erscheinung, die in den kommenden Jahren noch eine bedeutende Rolle spielen sollten. Der jüngere war Shimon Peres, der erst 32 Jahre alte Generaldirektor des Verteidigungsministeriums, der sich beim Einkauf französischer Waffen Sporen verdient hatte. Eine besonders wichtige Rolle aber spielte der 41 Jahre alte Moshe Dayan, seit Dezember 1953 Chef des israelischen Generalstabs.

Moshe Dayan ist 1915 in Degania A, dem ersten und ältesten aller Kibbuzim, geboren. Beide Eltern waren als junge Leute aus der Gegend von Kiew in der Ukraine nach Palästina eingewandert und am Aufbau von Degania A beteiligt. Als Moshe 6 Jahre alt war, zog die junge Familie nach Nahalal in den soeben gegründeten ersten Moshav Israels, in dem der Vater eine verantwortliche Stellung einnahm.
Schon im Alter von 14 Jahren wurde Moshe in die Haganah aufgenommen, die damals noch ganz im Untergrund arbeitete. Er besuchte die Landwirtschaftsschule und arbeitete in der elterlichen Landwirtschaft. Früh lernte er, sich gegen die benachbarten Araber und Beduinen zu wehren, unterhielt aber auch manche freundschaftlichen Beziehungen zu ihnen. Immer wieder wurde seine Arbeit in der Landwirtschaft durch militärische Aufgaben unterbrochen. Mit 18 Jahren wurde Moshe Dayan Ausbilder bei der Haganah in Nahalal. Anfang des Zweiten Weltkrieges, im Oktober 1939, wurde er auf dem Weg zu einem geheimen militärischen Trainingslager zusammen mit 42 jungen Männern von Englän-

dern verhaftet, ins Gefängnis nach Akko gebracht und wegen unerlaubten Waffenbesitzes zu fünf Jahren Haft verurteilt. Erst nach fast eineinhalb Jahren kam er frei, um die Engländer bei militärischen Aktionen zu unterstützen.
Bei einem kühnen Überfall auf eine Polizeistation der Vichy-Franzosen im Libanon verlor der 26jährige sein linkes Auge durch einen Schuß gegen das Fernglas. Unmittelbar nach der Staatsgründung gelang es dem jungen Oberstleutnant Dayan, die Syrer bei ei-

Moshe Dayan.

nem Angriff auf den heimatlichen Kibbuz Degania in die Flucht zu schlagen. Er war ein kühner und zugleich besonnener Offizier, der bald die Aufmerksamkeit Ben Gurions auf sich zog. Der Ministerpräsident ernannte ihn im Juli 1948 zum Kommandeur von Jerusalem und betraute ihn mit wichtigen Aufgaben bei den Waffenstillstandsverhandlungen 1948/49. Ende 1953 ernannte Ben Gurion ihn zum Chef des Generalstabs.
Moshe Dayan war nicht nur der Held des Sinaifeldzuges, sondern hatte später als Verteidigungsminister auch entscheidenden Anteil am Sieg von 1967. Wegen seiner menschlichen Haltung gegenüber den Bewohnern der besetzten Gebiete genoß er auch die Achtung arabischer Bevölkerungsteile.

In den Tagen vom 22. bis 24. Oktober 1956 fand eine letzte und entscheidende Konferenz zwischen Israel, Frankreich und Großbritannien in Sèvres, bei Paris, statt. Die Zeit drängte. Amerika war mit seinen Präsidentschaftswahlen beschäftigt und die Sowjetunion mit dem Aufstand in Ungarn. Auch das Wetter war noch günstig.
Zwischen den Gesprächspartnern war klar, daß – wenn auch mit unterschiedlichen Zielen im einzelnen – ein Schlag gegen Ägypten zu führen sei. Man einigte sich auf einen Vorschlag Dayans, wonach Israel mit einer Fallschirmjägereinheit in der Nähe des Suezkanals landen sollte; danach würden Großbritannien und Frankreich mit einem Ultimatum alle Beteiligten auffordern, sich vom Kanal zurückzuziehen. Wenn Ägypten dieser Aufforderung nicht folgen würde – und damit rechnete man –, sollte die britische und die französische Luftwaffe die ägyptischen Flughäfen bombardieren.
Die israelische Führung verstand es, in der Weltöffentlichkeit den Eindruck zu erwecken, als ob die nicht zu verhehlenden Kriegsvorbereitungen sich in erster Linie gegen Jordanien richteten. Das war angesichts der Spannungen an der Ostgrenze Israels nicht schwierig, hatte es doch seit Monaten immer wieder schwere Zwischenfälle gegeben. Sie gipfelten in der Nacht vom 10. zum 11. Oktober in einem israelischen Schlag gegen die jordanische

Grenzstadt Kalkilia, der auf beiden Seiten zu hohen Verlusten führte.

Am 24. Oktober wurde ein Militärpakt zwischen Ägypten, Syrien und Jordanien unterzeichnet und ein gemeinsames Oberkommando eingerichtet. Damit wurde der feindliche Ring um Israel fester gezogen und der Befreiungsschlag schließlich unausweichlich.

Die von Generalstabschef Moshe Dayan gründlich geplante »Operation Kadesh«, benannt nach dem Ort, von dem aus Mose seine Kundschafter ins Gelobte Land geschickt hatte (4. Mose 13,26), begann am Nachmittag des 29. Oktober 1956. Israelische Transportmaschinen mit Fallschirmjägern an Bord überflogen die Grenze in niedriger Höhe, um von den ägyptischen Radarstationen nicht erkannt zu werden. Erst kurz vor dem Ziel am Mitla-Paß, etwa 40 km vom Suezkanal entfernt, zogen die Maschinen in der Abenddämmerung in die Höhe, um ihre Last abzuwerfen. Die Fallschirmjäger gruben sich in der Nähe des Passes ein, um auf den größeren Teil der Brigade zu warten, der auf dem Landwege mit einer Fahrzeugkolonne unter der Führung des 28jährigen Obersten Ariel Sharon von Osten heranrückte. Unter großem Zeit-

Eine Spitfire aus dem Jahre 1952.

druck und nach Aufgabe von Fahrzeugen, die im Sand stecken geblieben waren, erreichte Sharon die aus der Luft gelandeten Truppen am späten Abend des folgenden Tages.
Die ägyptische Führung geriet in Panik und wußte nicht, ob sie ihre Truppen am Suezkanal konzentrieren oder den Sinai verteidigen sollte, zumal israelische Truppen in mehreren Keilen in die Halbinsel einmarschierten. Der sowjetische Präsident Chruschtschow lehnte eine materielle Hilfe mit der Begründung ab, er könne keinen dritten Weltkrieg riskieren. Am Mitla-Paß gingen die Ägypter zum Gegenangriff über. Sharon hatte unvorsichtigerweise größere Truppenteile in die Paßenge geschickt, in der sie in eine Falle gerieten und schwere Verluste erlitten.
Auch an anderen Stellen im Sinai kam es zu heftigen und verlustreichen Kämpfen. Aber Moshe Dayan hatte die Sache im Griff. Zeitweise überwachte er die Militäroperationen vom Flugzeug aus und hielt, wo er nicht landen konnte, Funkverbindung zu seinen Offizieren.
Inzwischen hatte die israelische Regierung den Beginn des Krieges bekanntgegeben, worauf Großbritannien und Frankreich das abgesprochene Ultimatum verkündeten, mit dem sie die kämpfenden Parteien aufforderten, alle Truppen auf eine Entfernung von 10 Meilen vom Suezkanal zurückzuziehen. Ägypten lehnte die Aufforderung erwartungsgemäß ab, worauf am Abend des 31. Oktober britische und französische Luftwaffeneinheiten ägyptische Flughäfen bombardierten. Teile der israelischen Armee standen schon am Abend des 2. November in unmittelbarer Nähe des Suezkanals, andere hatten den Gazastreifen gesäubert. Der ägyptische Widerstand brach schließlich in wilder Flucht zusammen.
Nach einer fieberhaften Folge von Sitzungen des Weltsicherheitsrates, die wegen des britischen und französischen Vetorechts keine greifbaren Ergebnisse hatten, trat schon am 1. November die Vollversammlung der Vereinten Nationen zusammen, die bei spektakulärem Schulterschluß zwischen den USA und der Sowjetunion alle Kriegsparteien aufforderte, ihre Truppen hinter die Grenzen vom 29. Oktober zurückzuziehen. Die Außenministerin erklärte, Israel sei unter der Voraussetzung einverstanden, daß auch Ägyp-

ten positiv reagiere. In der Zwischenzeit bewegten sich israelische Truppen von Norden am Golf von Akaba und von Nordwesten an der Küste des Golfs von Suez bis nach Sharm el-Sheik im äußersten Süden der Sinai-Halbinsel, wo sie dann am 5. November auch noch die Insel Tiran am Eingang des Golfs von Akaba besetzten. Unter dem massiven Druck der Vereinten Nationen und der USA entschloß sich Israel schließlich, seine Truppen nach und nach zurückzuziehen in der Erwartung, daß die freie Schiffahrt im Golf von Akaba gewährleistet bleibe. Eine UN-Truppe sollte den Gazastreifen und die Meerenge bei Tiran besetzen. Damit hatte Israel seine Kriegsziele im wesentlichen erreicht und eine neue Bewährungsprobe in der Auseinandersetzung mit seinen feindlichen Nachbarn bestanden.

Der Sechs-Tage-Krieg

Die Gewitterwolken, die zum Ausbruch des Sechs-Tage-Krieges führten, haben sich im April und Mai 1967 sehr rasch zusammengebraut. Zuvor war der Himmel, um im Bilde zu bleiben, nie wolkenlos, es dachte aber auch niemand an Krieg. Die ersten Schläge, die den Krieg auslösen mußten, hat Ägypten geführt, indem es
a) die Vereinten Nationen aufforderte, die UN-Truppen in Ägypten und im Gazastreifen, die dort seit 1956 zur Sicherung der Waffenstillstandslinie stationiert waren, zurückzuziehen,
und
b) Sharm el Sheik besetzte und die Straße von Tiran und damit den Golf von Aqaba für die israelische Schiffahrt sperrte.

Dem ägyptischen Präsidenten Nasser war klar – und er hat dies auch ausdrücklich erklärt –, daß damit ein Krieg mit Israel unausweichlich wurde. Für Israel war der Zugang zum Roten Meer über den Golf von Aqaba lebenswichtig. Es bleibt festzuhalten, daß es diese beiden Schritte Nassers waren, die unmittelbar zum Krieg führten.
Ägypten war im Frühjahr 1967 zunächst nicht darauf eingestellt gewesen, gegen Israel Krieg zu führen. Die Sowjetunion war es, die Nasser dazu ermunterte, weil sie ihre Interessen im Nahen Osten gefährdet sah.
An der syrischen Grenze hatte es wochenlange schwere Auseinandersetzungen gegeben. Einer der Streitpunkte war das Jordanwasser, das die Israelis für ihre landesweite Wasserversorgung aus dem See Genezaret pumpten. Syrische und libanesische Bautrupps hatten versucht, die Jordanzuflüsse im Norden durch Kanäle abzuleiten. Von diesem Geschäft waren sie durch Bomben und Maschinengewehrfeuer israelischer Kampfflugzeuge abgehalten worden.
Umgekehrt hatten die Syrer immer wieder israelische Ortschaften am Fuße der Golanhöhen beschossen und überfallen, so daß die Kibbuznik ihre Traktoren mit gepanzerten Kabinen versehen

mußten. Wiederholt kam es zu länger andauernden Schußwechseln zwischen syrischer und israelischer Artillerie, auch zu Luftkämpfen. Am 7. April 1967 wurden bei einem Luftkampf sechs syrische MIGs abgeschossen.

Dieser Schlag war es wohl, der die Sowjetunion veranlaßte, die Fabel von einer drohenden israelischen Invasion nach Syrien in die Welt zu setzen. Moskau behauptete, Israel habe etwa elf bis dreizehn Brigaden an der syrischen Grenze zusammengezogen und werde unmittelbar nach dem Nationalfeiertag vom 14. Mai nach Syrien einmarschieren.

Abba Eban.

Generalmajor Mordechai Gur. Generalmajor Mordechai Hod.

Nichts davon war richtig. Der israelische Ministerpräsident Eshkol lud den sowjetischen Botschafter in Tel Aviv ein, mit ihm per Auto an die syrische Grenze zu fahren, um sich vom Gegenteil zu überzeugen. Der Generalsekretär der Vereinten Nationen gab am 18. Mai bekannt, daß es überhaupt keine israelischen Truppenkonzentrationen gebe, die über das normale Maß hinausgingen. Dafür gab es ganz massive Konzentrationen ägyptischer Truppen an der Südgrenze Israels. Nasser schloß in diesen Tagen Militärbündnisse mit Jordanien und mit dem Irak. Außerdem stellten Kuwait, Algerien, Marokko und Saudi-Arabien Truppenkontingente zur Verfügung. Insgesamt verfügte Nasser über sieben gut ausgebildete Divisionen mit etwa 120 000 Mann und fast 2 000 Panzern. Der Sinai strotzte von Festungen, Minenfeldern, Panzersperren, Gräben und Stacheldrähten. Nasser erklärte in jenen Tagen öffentlich: »Unser Hauptziel ist die Vernichtung Israels«, und die begeisterten Volksmassen konnten es kaum erwarten, daß es endlich losging.

Infanteriovormarsch im Sinai.

Ein trauriges Schauspiel boten die Vereinten Nationen. Hatte der Generalsekretär die UN-Sicherheitstruppen, die doch den Frieden gewährleisten sollten, auf die Aufforderung Nassers innerhalb von Stunden abgezogen, so ließ der Sicherheitsrat alles geschehen und tat so, als ob kein Anlaß zum Einschreiten bestehe.

Israel war in äußerster Alarmbereitschaft, verbrachte aber noch Tage mit wichtigen politischen Aufgaben. Die Erfahrungen des Krieges von 1956 hatten gelehrt, daß ein Sieg nicht allein militärisch zu erringen war, sondern daß ein kleines Land wie Israel politischen Rückhalt bei den Großmächten brauchte. Abba Eban, der Außenminister, besuchte deshalb eine ganze Reihe von Regierungen, allerdings mit zweifelhaftem Erfolg. Levi Eshkol, der 72jährige Ministerpräsident, war physisch und psychisch erschöpft und gab schließlich seine Einwilligung zur Bildung einer auf breiter Basis stehenden Regierung der nationalen Einheit. Daß Moshe Dayan zum Verteidigungsminister ernannt wurde, ließ die Bevölkerung, die sich in tödlicher Bedrohung wußte, aufatmen.

In der Rede, die Abba Eban einige Wochen nach dem Kriege vor den Vereinten Nationen hielt, wird die Stimmung vor Kriegsausbruch lebendig beschrieben. Es heißt dort:

> »Niemand, der diese Tage in Israel miterlebt hat, wird jemals die schicksalsschwere Atmosphäre vergessen, die über unserem Lande lastete. Umgeben von feindlichen Armeen, die loszuschlagen bereit waren, konfrontiert mit einem flagranten Kriegsakt, Tag und Nacht bombardiert mit Vorhersagen unserer bevorstehenden Auslöschung, zur totalen Mobilisierung sowohl unserer Truppen gezwungen als auch unserer Wirtschaft, die am Erliegen war, weil die wichtige Zufuhr lebenswichtiger Kraftstoffe durch einen kriegerischen Akt abgedrosselt war, sah sich Israel in diesen Tagen der größten Gefahr für seine Existenz ausgesetzt, die es seit der Stunde seiner Geburt jemals erlebt hatte. Von allen Seiten lauerte Gefahr, und Israel wurde immer einsamer. Alles kam über uns wie eine zermalmende Riesenlast. In der ganzen Welt bangten sehr viele um die Zukunft Israels. An dem schicksalhaften Morgen des 5. Juni war klar, was wir zu tun hatten. Wir hatten die Wahl zwischen Leben und Untergang. Wir hatten die Möglichkeit, entweder unsere nationale Existenz zu verteidigen oder sie für alle Zeit zu verspielen.«

Vormarsch eines israelischen Panzerverbandes auf dem Golan 1967.

Infantrievormarsch im Sinai.

Zur Erinnerung an die Panzerschlachten auf dem Golan.

Endlich, in den Morgenstunden des 5. Juni, werden die Schleusen geöffnet. Israel führt einen vernichtenden Schlag gegen die feindliche Luftwaffe. Israelische Bomber greifen sämtliche ägyptischen Flugplätze an und vernichten Nassers Luftwaffe nahezu vollständig am Boden. Damit ist in den ersten sechs Stunden der Krieg eigentlich schon entschieden. Der riesigen Übermacht ägyptischer Armeen ist mit der Zerstörung der Luftwaffe das Rückgrat gebrochen. Dasselbe geschieht am Nachmittag mit den jordanischen Flugzeugen. Es war schlechterdings unglaublich: Innerhalb eines einzigen Tages waren über 400 arabische Flugzeuge zerstört worden.

In den folgenden Tagen erfochten die israelischen Generäle Yeshahu Gavish, Israel Tal, Ariel Sharon, David Elazar, Avraham Yoffe und Chaim Bar-Lev unter der Leitung von Generalstabschef Yitzchak Rabin glänzende Siege, zunächst im Sinai, wo sie bis zum Suezkanal und nach Sharm el-Sheik vorstießen, dann in Jerusalem, wo nach harten Straßenkämpfen die Altstadt zurückerobert wurde, im Jordantal und zuletzt auf den Golanhöhen.

Denkmal für die Infanterie auf dem Golan.

Reservetruppen gehen an die Front (1967).

Den Truppen steht der Schrecken des Krieges in den Augen geschrieben.

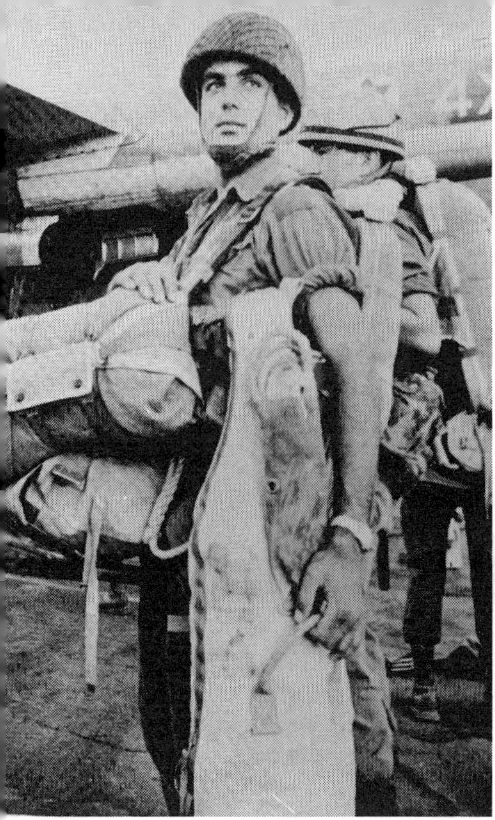

Ein Luftlandesoldat empfängt die letzten Befehle vor dem Einsatz.

Einsatz von Luftlandetruppen (1967).

Es erscheint nicht sinnvoll, hier die militärischen Operationen im einzelnen darzustellen. Statt dessen sollen einige charakteristische Einzelheiten ein Bild von der Art und Weise vermitteln, wie die Israelis diesen Krieg geführt haben.
General Moshe Dayan, der gefeierte Held des Krieges von 1956, hatte in diesen Tagen als Verteidigungsminister Gelegenheit, seine strategischen Fähigkeiten erneut unter Beweis zu stellen.
Der alte Draufgänger ging sehr besonnen zu Werke. Auf seiner ersten Pressekonferenz zwei Tage vor Kriegsbeginn und dem vernichtenden Schlag der Luftwaffe verstand er es, sich so auszudrükken, als ob noch lange nichts im Busch wäre. Dann verhängte er über den ersten Kriegstag und den entscheidenden Schlag der israelischen Luftwaffe ein Nachrichtenverbot.
Weil die Ägypter auf der anderen Seite in Unkenntnis des Geschehens die längst vorbereiteten Siegesmeldungen verbreiteten, sah die Sowjetunion keinen Anlaß, den Sicherheitsrat jetzt schon zu einer Waffenstillstandsaufforderung zu drängen, wie das 1956 zum Nachteil Israels geschehen war, und die Ägypter selbst und ihre Verbündeten schätzten den Ernst der Lage völlig falsch ein.
Generalstabschef Rabin hatte durch seinen Nachrichtendienst die feindlichen Festungsanlagen, die im Sinai unter sowjetischer Anleitung errichtet worden waren, genauestens erkunden und das zentrale Festungssystem von Um Cataf bis ins letzte Detail nachbilden und als Modell im Negev aufstellen lassen. Dort wurden Panzer- und Infanterieeinheiten in Manövern so vorbereitet, daß jeder im Schlaf wußte, an welcher Stelle er anzupacken hatte. Die Panzerführer hatten ihre Panzer bei offener Kuppel freistehend zu leiten, um klaren Überblick zu behalten.
Ein weiterer Einfall Rabins war die Aufstellung von Unmengen von Panzerattrappen (Holz- oder Pappdeckelpanzern) im Süden des Negev, um feindliche Truppen in den Süden zu locken und vom ersten Hauptstoß abzulenken, der diesmal im nördlichen Sinai erfolgen sollte.
Hinter allem aber stand der Wille, nicht nur das eigene Leben und das von Frau und Kindern, sondern das im Schweiß des Angesichts aufgebaute junge Land vor der schonungslosen Vernichtung

Kriegsschiff im Mittelmeer (1967).

Denkmal für die Verteidigung des Kibbuz Ramat Rachel.

zu retten. Nur so ist es zu erklären, daß israelische Soldaten in der Mittagshitze des 9. Juni die Golanhöhen hinaufstürmten an einer Stelle, an der sie in 500 m Höhe am stärksten befestigt waren, um angesichts ihrer gefallenen Kameraden zuletzt mit Fäusten, Messern und Gewehrkolben den Feind zu überwinden.
So riesenhaft die Überlegenheit der Feinde vor dem Krieg gewesen war, so vernichtend war auch ihre Niederlage. Israel hatte am Ende 430 Kampfflugzeuge zerstört und selbst nur 40 verloren, also nicht einmal ein Zehntel. Die Israelis hatten etwa 700 Tote zu beklagen, die Araber 15 000, also mehr als das Zwanzigfache.

Dieser Krieg ist zum Schulbeispiel für Militärstrategen geworden. In einer englischen Studie heißt es: »Der dritte arabisch-israelische Krieg wird in den Militärakademien noch auf lange Zeit hinaus studiert werden. Ähnlich wie die Feldzüge des jüngeren Napoleon bot die Leistung der israelischen Streitkräfte – wie aus einem Lehrbuch – die Veranschaulichung aller klassischen Grundsätze der Kriegsführung: Geschwindigkeit, Überraschung, Schwerpunktbildung, Sicherheit, Nachrichten über die Feindlage, Angriffsgeist – vor allem Ausbildung und Durchhaltewillen.«

Golda Meir und der Yom-Kippur-Krieg

Das Trauma, das die Juden durch den feindlichen Überfall an ihrem höchsten Feiertag, dem 6. Oktober 1973, erlitten haben, sitzt so tief, daß der militärische Erfolg, den Israel in diesem Krieg errungen hat, dahinter ganz verblaßt.
Niemand in Israel rechnete in jenen Tagen damit, daß ein Krieg unmittelbar bevorstehen würde. Israelische Soldaten beherrschten die Golanhöhen und standen am Ostufer des Suezkanals. Moshe Dayan, der erfahrene General und Verteidigungsminister, galt als Garant für den Schutz vor den Feinden. Regierung, Generalstab und Geheimdienst waren überzeugt, daß Ägypten zu schwach war, einen neuen Feldzug zu wagen. Der ägyptische Präsident Sadat stieß zwar fürchterliche Drohungen aus, schien aber mehr ein Held der Worte zu sein. Die jahrelange Zusammenarbeit zwischen Ägypten und der Sowjetunion hatte er beendet.
Seit Monaten war in Israel die Aufmerksamkeit auf arabische Terrorakte gerichtet. Vorgänge wie die Ermordung von elf israelischen Sportlern auf der Olympiade in München 1972 und israelische Vergeltungsmaßnahmen beherrschten die Schlagzeilen. In einem Luftkampf, Mitte September 1973, schossen die Israelis nicht weniger als 13 syrische MIGs ab, wobei sie selbst nur eine einzige Maschine verloren, scheinbar typischer Ausdruck israelischer Überlegenheit! Im übrigen standen Wahlen zur Knesset an. Golda Meir war entschlossen, das Land auch in der kommenden Legislaturperiode zu führen.
Es mag ungerecht erscheinen, die Ministerpräsidentin in einen so engen Zusammenhang mit dem Yom-Kippur-Krieg zu bringen, denn niemand denkt daran, der von ihren Ministern und ihrem Geheimdienst schlecht beratenen Frau Vorwürfe zu machen. Sie war viel eher das Opfer dieses Krieges, der den Höhe- und Endpunkt ihrer glänzenden Karriere bezeichnet.

Golda Mabovitsch ist am 3. 5. 1898 in Kiew als Tochter eines Zimmermanns geboren, von dessen sieben Kindern vier in früher

Kindheit starben. Als Golda 5 Jahre alt war, zog die Familie nach Pinsk. Die neun Jahre ältere Schwester Sheyna, mit der Golda zeitlebens in enger Verbindung blieb, war schon mit 14 Jahren eifriges Mitglied der sozialistisch-zionistischen Bewegung und organisierte Treffen zu Hause. Die kleine Golda lag auf dem Ofen und hörte zu.

Ihr Vater wanderte zunächst allein nach Amerika aus, weil er keine Arbeit fand, und holte 1906 seine Familie nach. Die energische Mutter hatte einen kleinen Laden in Milwaukee und konnte nicht verstehen, daß Golda Lehrerin werden wollte.

Nach langen Querelen zu Hause verläßt Golda mit 15 Jahren ihre Eltern und zieht zu ihrer Schwester nach Denver. Dort lernt sie ihren späteren Mann kennen, kehrt aber nach zwei Jahren wieder zu ihren Eltern nach Milwaukee zurück, wo sie Jiddisch unterrichtet und der Arbeiterpartei beitritt.

Bei den ersten amerikanisch-jüdischen Wahlen erprobt sie ihre rhetorischen Fähigkeiten. 1921 wandert sie zusammen mit ihrem

Golda Meir.

Mann und ihrer Schwester nach Palästina aus. Nach einer chaotischen Reise faßt sie in Tel Aviv schnell Fuß, wechselt dann aber bald in den Kibbuz Merhavia in der Jesreel-Ebene über, wo sie das Pionierleben genießt, das sie allerdings nach zweieinhalb Jahren wegen des Gesundheitszustandes ihres Mannes aufgeben muß, um sich vier Jahre lang in Jerusalem als Hausfrau zu quälen.
In ihrer Lebensbeschreibung schildert Golda Meir die Spannung, in der sie als Ehefrau und Mutter von zwei Kindern einerseits und leidenschaftlicher Zionistin zeitlebens gestanden hat. 1928 zieht sie mit den Kindern nach Tel Aviv und nimmt eine Beschäftigung in der Frauenorganisation der Arbeiterpartei an.
Damit beginnt ihre politische Karriere, die sie häufig auf Reisen und internationale Konferenzen führt, immer mehr aber auch in die Verantwortung in der Arbeiterpartei als enge Mitarbeiterin von Ben Gurion. 1969 wurde Golda Meir im Alter von 70 Jahren als Nachfolgerin von Levi Eshkol zur Ministerpräsidentin gewählt.

Am Mittwoch, 3. Oktober 1973, fand in Jerusalem eine Besprechung der Ministerpräsidentin mit Verteidigungsminister Moshe Dayan und Generalstabschef David Elazar statt, nachdem erneut auffällige Truppenbewegungen auf dem Golan und am Suezkanal beobachtet worden waren.
Die Nachrichten des Geheimdienstes sprachen eine deutliche Sprache, aber niemand in Israel konnte glauben, daß Ägypten und Syrien zu einem gemeinsamen Schlag ausholen würden. Man kam einhellig zu dem Ergebnis, daß es sich nicht um ernsthafte Kriegsvorbereitungen handle, und meinte, die Ägypter hielten ihre zu dieser Jahreszeit üblichen Manöver ab, und die Syrer seien in Sorge wegen eines bevorstehenden israelischen Angriffs.
Die israelische Führung war das Opfer eines groß angelegten Täuschungsmanövers geworden. Sadat hatte es verstanden, über Presse, Rundfunk und internationale Diplomatie den Eindruck zu erwecken, es stehe alles andere auf der Tagesordnung als Krieg.
Am 5. Oktober um die Mittagszeit rief Golda Meir, die sich am Wochenende in Tel Aviv aufzuhalten pflegte, die erreichbaren Minister zusammen. Sie war beunruhigt durch die Nachricht, daß die

Familien der in Syrien und Ägypten stationierten russischen Berater fluchtartig das Land verlassen hätten; genau dasselbe war unmittelbar vor dem Sechs-Tage-Krieg geschehen.
Immer noch vertraten die Generäle entschieden die Meinung, es stehe kein Angriff bevor. Nachts um 4 Uhr klingelt bei Golda Meir das Telefon. Der Geheimdienst hatte Informationen, daß der ägyptisch-syrische Angriff gegen 18 Uhr beginnen sollte.
Um 8 Uhr morgens wieder Sitzung im kleineren Kreis mit Dayan und Elazar, die ihrerseits schon um 5 Uhr miteinander konferiert hatten: Erneut lehnt Dayan die vom Generalstabschef geforderte totale Mobilmachung ab. Nur die Luftwaffe und 4 Panzerdivisionen sollen in Bereitschaft versetzt werden.
Der Vorschlag des Generalstabschefs, um die Mittagszeit einen Präventivschlag mit der Luftwaffe zu führen, wird von der Ministerpräsidentin abgelehnt. Sie will nicht das Risiko eingehen, als Aggressor dazustehen.
Dann Kabinettsitzung um 14 Uhr: Die Mobilmachung der Reserve wird angeordnet, ein Präventivschlag erneut abgelehnt. Mitten in die Sitzung platzt die Nachricht, daß der feindliche Angriff begonnen habe. In Tel Aviv ertönen die Sirenen.
Die Lage, in der sich Israel befand, war verheerend. Die feindlichen Streitkräfte, Artillerie, Raketen, Panzer, Flugzeuge und Soldaten waren zahlenmäßig weit überlegen und griffen an zwei Fronten an. Sie hatten sich jahrelang auf diesen Krieg vorbereitet und schlugen los, als viele israelische Soldaten im Heimaturlaub und mit ihren Familien in der Synagoge waren, um Yom Kippur, den Versöhnungstag, zu begehen. Das israelische Warnsystem hatte sich als unzureichend erwiesen, der Geheimdienst versagt.
Die aus Festungen im Abstand von etwa 10 Kilometern bestehende Verteidigungslinie am Suezkanal, die Bar-Lev-Linie, war nur spärlich mit Reservisten besetzt. Sie konnten dem ägyptischen Ansturm, der mit einem unglaublichen Feuerregen begann, nicht standhalten.
Die Ägypter setzten trotz heftiger Angriffe der israelischen Luftwaffe an zahlreichen Stellen mit Behelfsbrücken über den Kanal. Es gelang ihnen, eine ganze Reihe von Brückenköpfen zu bilden

und zu behaupten, so daß die meisten Festungen der Bar-Lev-Linie nach verzweifelten Kämpfen aufgegeben und geräumt werden mußten.
Die eilig herbeigeführten israelischen Bodentruppen erreichten den Suezkanal am Sonntagabend und konnten zunächst den ägyptischen Vormarsch stoppen. Bei schwersten Gefechten erlitten die Israelis ungeheure Verluste; in den ersten drei Tagen waren es allein 50 Flugzeuge und Hunderte von Panzern. Moshe Dayan gab sich vor der Presse pessimistisch; er beschloß, eine neue Verteidigungslinie im Süden des Sinai aufzubauen.
Der Generalstabschef und die Generäle vor Ort, unter ihnen Ariel Sharon, wollten davon aber nichts wissen. Vom 9. Oktober an gelang es den israelischen Truppen auch nach und nach, sich nicht nur zu behaupten, sondern immer wirksamere Gegenangriffe zu führen. Sie gewannen neues Selbstvertrauen, während die Ägypter, die zu diesem Zeitpunkt einen Streifen von kaum 20 km Breite kontrollierten, bei immer höheren Verlusten mit ihrem Vorstoß zum Erliegen kamen.
Inzwischen war die Lage an der Nordostfront, auf den Golanhöhen, äußerst brenzlig geworden. Die Syrer hatten nach einem erdbebenartigen Feuerangriff, der fast eine Stunde lang alles zu zermalmen schien, mit Hilfe von Hubschraubern die israelische Radarstation auf dem Hermon eingenommen und waren mit 800 Panzern vorgerückt.
Ein Vorstoß in Richtung der Jordanbrücke B'not Ya'akov bedeutete eine ungeheure Gefahr für die jüdischen Siedlungen im Jordan- und im Huletal. Gegen die verzweifelt kämpfenden israelischen Soldaten, zahlenmäßig scheinbar hoffnungslos unterlegen, rollten immer neue Wellen von Panzern, Artillerie- und Raketengeschützen heran. Der Generalstab entschloß sich, alle noch verfügbaren Reservisten an die Nordostfront zu schicken.
Am 9. Oktober geschah etwas Wunderbares: Oberst Avigdor Janos, der mit ein paar wenigen Panzern und bis zu Tode erschöpften Soldaten ausgehalten hatte, konnte auf einmal beobachten, wie die Syrer kehrt machten, weil sie Nachschubprobleme hatten, während Janos Verstärkung erhielt.

Zur eigentlichen Wende des Krieges aber kam es am 13. Oktober, als die Vereinigten Staaten begannen, mit 67 Transportflugzeugen in halbstündigem Abstand Kriegsmaterial heranzuschaffen. Der amerikanische Außenminister Henry Kissinger, der erst vor kurzem sein Amt übernommen hatte, war es, der die Luftbrücke auf unbürokratische Weise organisiert hatte.
Mit dieser alles entscheidenden Hilfe konnte Israel sich behaupten und sowohl in der Kanalzone als auf den Golanhöhen zum Gegenschlag ausholen. Ein israelischer Stoßtrupp unter General Ariel Sharon setzte nördlich des Großen Bittersees über den Kanal und bewegte sich in Richtung Kairo. Weitere israelische Truppen folgten. Die Stadt Suez wurde eingeschlossen, die 3. Ägyptische Armee eingekesselt, und israelische Soldaten kontrollierten die Straßenverbindung zwischen Kairo und der Kanalzone. Die Lage hatte sich innerhalb von wenigen Tagen völlig verwandelt. Sowohl Kairo als auch Damaskus waren ernsthaft bedroht.
Am 20. Oktober kam es zu amerikanisch-sowjetischen Verhandlungen in Moskau, die zu einer gemeinsamen Initiative im Sicherheitsrat der Vereinten Nationen und zur Resolution Nr. 338 führten und schließlich auch zum Waffenstillstand.
Im Yom-Kippur-Krieg sind 2500 israelische Soldaten gefallen, mehr als viermal soviel wie im Sechs-Tage-Krieg. Daß die Hochstimmung und Sorglosigkeit, die sich seit dem glänzenden Sieg von 1967 ausgebreitet hatte, gedämpft wurde, war nötig, die Ernüchterung heilsam.

Menachem Begin und der Friede von Camp David

Eine eigentümliche Fügung ist es, daß ausgerechnet Menachem Begin, der unter den gewiß immer streitbaren israelischen Ministerpräsidenten wie ein besonders knorriger Baum herausragt, als der Mann des Friedens von Camp David in die Geschichte des jüdischen Volkes eingeht.

Menachem Begin wurde 1913 in der polnischen Stadt Brest-Litowsk geboren. Gegen Ende seines Jura-Studiums an der Universität in Warschau begegnete er 1935 zum erstenmal dem großen Vladimir Jabotinsky, dem Gründer und Führer des revisionistischen Zionismus. Jabotinsky war ein radikaler Kämpfer und feuriger Redner, der als Journalist in Rom vom Auftreten Mussolinis beeindruckt war.

Begin, selbst ein glänzender Redner, übernahm von seinem Vorbild Jabotinsky die straffe Disziplin uniformierter, paramilitärischer Jugendgruppen und wurde 1939 Vorsitzender der nach Trumpeldor benannten zionistischen Jugendorganisation »Betar«. Wenn Begin später als harter Mann erscheint, hängt dies sicher auch mit seinem außergewöhnlich schweren Lebensweg zusammen: Im Zweiten Weltkrieg geriet er in sowjetrussische Haft, kam in ein Arbeitslager nach Sibirien und verlor seine Eltern in einem Konzentrationslager der Nazis. 1942 kam er als Mitglied der »Polnischen Armee im Exil« nach Palästina, begab sich aber bald in den Untergrund, um gegen die Engländer zu kämpfen, und zwar mit des Irgun Z'vai Le'umi (»Etzel«), dessen Führer er bald wurde. Der Irgun ist berühmt und berüchtigt für seine Härte im Kampf gegen die Engländer. Die Sprengung des Südflügels des King-David-Hotels im Juli 1946 mit 91 Toten und das Massaker von Deir Yassin, das im April 1948 etwa 200 Tote forderte und eine Massenflucht von Arabern einleitete, waren Aktionen, wie sie für Begins radikale paramilitärische Einheit typisch waren.

Begin protestierte heftig gegen den Teilungsbeschluß der Vereinten Nationen vom November 1947 und pochte auch in der Stunde der Staatsgründung öffentlich auf die historische und geographische Einheit Israels. Am 20. Juni 1948 kam es zu einer dramatischen Konfrontation zwischen dem Irgun und der erst fünf Wochen alten israelischen Regierung unter Ben Gurion. Der Irgun hatte in Frankreich Waffen und Munition gekauft und etwa 900 jüdische Freiwillige in Europa angeworben, die sich nun mit einem Schiff mit dem Namen Altalena der Küste von Tel Aviv näherten.

Menachem Begin.

Begin verlangte, daß wenigstens ein Fünftel der Ladung seiner Untergrundeinheit überlassen werde. Ben Gurion dagegen bestand auf der Herausgabe sämtlicher Waffen an die israelische Armee, die er aufzubauen im Begriff war. Weil Begin dies verweigerte, kam es, nachdem die Mehrzahl der Freiwilligen von Bord geschafft war, zu einer Schießerei, in deren Verlauf das Schiff in Brand geriet und samt der Waffenladung vor der Küste unterging.
Solche Erlebnisse trugen weiter zur Verhärtung Menachem Begins gegenüber der israelischen Regierung bei. Er gründete die Cherut-Partei und war als ihr Vorsitzender viele Jahre hindurch der schärfste Oppositionsführer in der Knesset.
Mit flammenden Reden wandte er sich 1952 gegen eine Vereinbarung mit der Bundesrepublik Deutschland, wonach diese Reparationen für das den Juden zugefügte Unrecht leisten sollte. Begin lehnte sich dagegen auf, »die Ehre des jüdischen Volkes gegen Geld zu verkaufen«, wie er sagte. Während der entscheidenden Sitzung im Parlament veranstaltet Begin in geringer Entfernung unter freiem Himmel eine große Versammlung, mit der er schließlich zur Knesset zieht, um sich auch dort zu Wort zu melden. Die aufgebrachte Volksmenge durchbricht die Polizeisperren und wirft mit Steinen die Fenster des Parlamentsgebäudes ein; die Polizei setzt Gas ein. Es kommt zu einem wüsten Gerangel und zahlreichen Verletzten. Dem Knesset-Abgeordneten Menachem Begin wird für drei Monate die Ausübung seines Mandats verboten.
Der Kampfgeist Begins war kaum gemildert, als in den 60er Jahren die Cherut-Partei mit den Liberalen zusammenrückte und den Gachal-Block formte. Als im Mai 1967 angesichts des unmittelbar bevorstehenden Krieges eine Regierung der nationalen Einheit gebildet und Begin als Minister ohne Geschäftsbereich einbezogen wurde, vermerkte man mit Achtung und Staunen, daß Begin vorschlug, seinen alten Gegner Ben Gurion noch einmal aus der Wüste zu holen, um ihm anstelle des entschlußlosen Levi Eshkol das Steuer des Staates anzuvertrauen, was dann allerdings nicht mehr geschah.
Begin war als Führer des Gachal Mitglied der Regierung bis zum Sommer 1970. Damals erklärte die Regierung ihr Einverständnis

mit dem Rogers-Plan und damit auch der UN-Resolution Nr. 242 und der Verpflichtung, sich aus den besetzten Gebieten zurückzuziehen. Damit war Begin nie einverstanden. In den folgenden Jahren war Begin Oppositionsführer und wurde nicht müde, die Labourregierung wegen ihres feigen Verhaltens gegenüber den Arabern zu schelten.

Mit den Wahlen zur Knesset im Frühjahr 1977 begann eine neue Ära mit Menachem Begin. Er schmiedete aus seiner Cherut-Partei und einigen anderen nahestehenden, rechtsgerichteten Parteien den Likud-Block, der sich zum ewigen und unveräußerlichen Recht Israels auf sein Land zwischen Meer und Jordan bekannte.

Der Wahlkampf wurde geleitet von Ezer Weizmann, einem ehemaligen Fliegergeneral, Generalstabschef und Neffen des berühmten Chaim Weizmann. Ezer Weizmann war nach seinem Ausscheiden aus der Luftwaffe zunächst erfolgreicher Geschäftsmann und seit 1969 als Politiker in der Opposition tätig. Er führte einen wohlüberlegten Wahlkampf, wobei er sich weniger auf die Außenpolitik als auf die miserable wirtschaftliche Lage im Lande konzentrierte. Bei der jungen Wählerschaft zählte auch weniger Begins früheres Image als Terrorist als vielmehr das Versprechen, an den besetzten Gebieten festzuhalten.

Es kam zu einem überwältigenden Sieg des Likud am 17. Mai 1977, der den Cherut nach 30jähriger Opposition in die unmittelbare Verantwortung führte. Begin wurde Ministerpräsident und berief Moshe Dayan zum Außenminister und Ezer Weizmann zum Verteidigungsminister. Es war eine Regierung von ausgesprochenen Falken, zu der auch der steinharte Held des Yom-Kippur-Krieges, Ariel Sharon, gehörte; als Landwirtschaftsminister war er für Siedlungsfragen zuständig.

Die neue Regierung war erst wenige Monate im Amt, als etwas völlig Unerwartetes geschah. Am 9. November 1977 kündigte der ägyptische Präsident Anwar al-Sadat vor seinem Parlament in Kairo an, er selbst werde nach Jerusalem reisen, um in der Knesset zu erscheinen. Es waren zwar einige Vorgespräche über mögliche Friedensverhandlungen vorausgegangen; die energische Initiative Sadats kam gleichwohl überraschend.

Die Welt hielt den Atem an, als der ägyptische Präsident bereits 10 Tage später auf dem Ben-Gurion-Flughafen in Lod landete. Sein Flugzeug mußte in der Abenddämmerung noch eine Weile kreisen, bis der jüdische Sabbath zu Ende war. Am Nachmittag des 20. November 1977 hielt Sadat eine 40minütige Rede vor der Knesset, die zwar in aller Schärfe die Forderung Ägyptens unterstrich, Israel müsse sich aus allen besetzten Gebieten einschließlich Ostjerusalem völlig zurückziehen und das Recht der Palästinenser auf einen eigenen Staat anerkennen, andererseits aber Israel Sicherheit und Frieden inmitten der arabischen Nachbarschaft in Aussicht stellte.

Begin machte schon in einer kurzen Erwiderung deutlich, daß eine Wiederaufteilung Jerusalems und die Entstehung eines palästinensischen Staates in den besetzten Gebieten nicht in Frage komme. Damit waren die Positionen erst einmal grob abgesteckt. Schon bei einer ersten kurzen Begegnung im King-David-Hotel hatte Begin Sadat zu erkennen gegeben, daß auf seiner Seite die Bereitschaft bestehe, Ägypten die Sinai-Halbinsel zurückzugeben.

In den darauffolgenden Monaten galt es, das nun einmal eröffnete Gespräch über den Frieden wirklich in Gang zu bringen. Das erwies sich als ungeheuer schwierig, obwohl es eine ganze Reihe geradezu herzlicher Begegnungen zwischen Israelis und Ägyptern bei verschiedenen Anlässen und Verhandlungen gab.

Insbesondere Ezer Weizmann, der Verteidigungsminister, gewann in seiner umgänglichen und offenen Art das Zutrauen Sadats, so daß es wiederholt zu Gesprächen unter vier Augen zwischen den beiden kam. Begin selbst indessen fand in seinem schulmeisterlichen Ton und seiner harten Haltung lange Zeit keinen Zugang zu Sadat. Eine erste Begegnung der beiden am 25. Dezember in Ismailia war ein völliger Fehlschlag.

Die wesentlichen Streitpunkte waren die israelischen Rafah-Siedlungen in der Yamit-Region, in der Nordostecke der Sinai-Halbinsel, und die Flugplätze, insbesondere der Etzion-Flughafen bei Eilat, die Israel zunächst nicht aufzugeben bereit war. An dieser Stelle zeigte sich jedoch Sadat völlig unnachgiebig: Nicht auf einen Zentimeter ägyptischer Erde könne er verzichten.

Denselben energischen Widerstand zeigte Begin gegenüber den ägyptischen Forderungen auf völligen Rückzug aus den besetzten Gebieten und Anerkennung der palästinensischen Rechte auf einen eigenen Staat.
Als die Fronten völlig verfahren erschienen, ergriff der amerikanische Präsident Carter die Initiative und lud die Parteien im September 1978 zu einer elftägigen Marathon-Tagung nach Camp David ein. Aber auch dort bedurfte es unendlicher Mühe und schließlich deutlicher Drohungen Carters, bis eine Verständigung erreicht werden konnte.
Man rang sich schließlich zu Rahmenvereinbarungen über die israelisch-ägyptischen Beziehungen einerseits und die Probleme der besetzten Gebiete andererseits durch. Israel verzichtete auf die Rafah-Siedlungen und die Flughäfen, und Ägypten begnügte sich für die besetzten Gebiete mit dem Autonomieplan Begins bei militärischer Präsenz Israels. Die Einzelheiten wurden in weiteren zähen Verhandlungen ausgearbeitet, so daß am 26. März 1979 in Washington der Friedensvertrag unterzeichnet werden konnte.
Daß Israel mit Ägypten, der stärksten der arabischen Mächte, nach dreißigjährigem Kriegszustand fortan im Frieden leben würde, war ein ungeheurer Fortschritt, der Opfer auf beiden Seiten lohnte. Für Sadat bedeutete der Friede mit Israel einen geradezu waghalsigen Schritt heraus aus seiner arabischen Umwelt, den er eineinhalb Jahre später mit seinem Leben bezahlen mußte.
Aber auch Begin war – freilich bei drohendem Verlust der Freundschaft Amerikas und gewaltigen Demonstrationen der »Frieden-Jetzt-Bewegung« und wohl auch angesichts des ihm zusammen mit Sadat bereits 1978 verliehenen Friedensnobelpreises – über seinen Schatten gesprungen. An anderer Stelle ist davon zu berichten, daß Menachem Begin in den restlichen Jahren seiner Regierungszeit von seinem Schatten wieder eingeholt wurde.

Der Libanonkrieg

Der Libanonfeldzug vom Sommer 1982 war nach seiner ursprünglichen Zielsetzung ein vernünftiges und anfangs von allen Parteien mitgetragenes Unternehmen, ist aber in seiner zweiten Phase so exzessiv und grausam geführt worden, daß dieses Kapitel wie ein schwerer Schatten über der israelischen Geschichte liegt.

Seit Jahren war der Norden Israels von Überfällen palästinensischer Terroristen, die aus dem Libanon über die Grenze ins Land eindrangen, heimgesucht worden, und immer wieder hatten Granaten und Raketen der PLO, die irgendwo in den libanesischen Bergen abgefeuert worden waren, in den Siedlungen Galiläas eingeschlagen und schwere Schäden angerichtet. Hunderte von Zivilisten sind in diesen Jahren bei Mordanschlägen und Einfällen von bewaffneten Terroristen ums Leben gekommen. Viele der Opfer waren Araber, die als Kollaborateure verdächtigt wurden. 1974 wurden in Maalot 20 Schulkinder von drei bewaffneten Terroristen getötet.

Im März 1978 landeten Terroristen vom Meer her nördlich von Tel Aviv, brachten einen Bus in ihre Gewalt und fuhren mit den Insassen als Geiseln bis vor die Stadt, wo bei einem Schußwechsel mit israelischen Soldaten 34 Zivilisten getötet wurden. Dieser Vorfall führte zu einem israelischen Vergeltungsschlag, der sogenannten »Operation Litani«, bei der etwa 8 000 Mann den südlichen Libanon durchstreiften; viele Dörfer wurden schwer bombardiert. Dabei wurden vor allem Zivilisten getroffen, während die Verluste der feindlichen Untergrundkämpfer relativ gering waren.

Die Folge dieser wenig sinnvollen Operation war, daß die Vereinten Nationen eine 3 000 Mann starke Schutztruppe in der Grenzzone stationierten.

Die »Operation Frieden für Galiläa«, die im Juni 1982 begann, war dagegen ein großangelegter und bis ins letzte Detail geplanter Schlag gegen die Streitkräfte der PLO, die mit dem Einverständnis Syriens nach und nach die militärische Kontrolle über den gan-

zen Süden des Libanon übernommen und sich vor allem in den Bergen verschanzt hatten, wo sie den israelischen Luftangriffen trotzten.
Es soll gleich vorweggenommen werden: Mit der Herrschaft der Palästinensischen Befreiungskämpfer im Süden Libanons hat Israel im Sommer 1982 tatsächlich aufgeräumt. Dieses Kriegsziel ist erreicht worden; Yassir Arafat, persönlich nur knapp einer Jagd aus der Luft entronnen, und der aus dem Inferno übriggebliebene Rest seiner Leute haben ein Vierteljahr nach Beginn des Krieges den Libanon verlassen und sich nach Syrien und Jordanien, vor allem aber nach Nordafrika zurückgezogen.
Damit aber hat sich die militärische Führung Israels nicht begnügt. Es ist die markante Handschrift des Verteidigungsministers Ariel Sharon, die das Kriegsgeschehen des Sommers 1982 kennzeichnet.

Ariel Sharon, 1928 in Kfar Malal, einem Moshav in der Sharon-Ebene, geboren, hat schon als Heranwachsender in der Haganah gekämpft und ist bei der Schlacht von Latrun 1948 schwer verwundet worden. In den 50er Jahren führte er die berühmte Elite-Einheit 101 im Kampf gegen die Untergrundkämpfer. In allen Kriegen, die der junge Staat zu bestehen hatte, war Sharon als hervorragender und gefeierter Offizier an maßgeblicher Stelle beteiligt, sei es bei der Erstürmung des Mitlapasses 1956, bei der Einnahme der Sinaifestung Um Cataf im Sechs-Tage-Krieg oder bei der Überquerung des Suezkanals im Yom-Kippur-Krieg.
Ariel Sharon war und ist ein unglaublicher Draufgänger, der immer wieder auch übers Ziel hinausschoß. Im Alter von 25 Jahren ließ er bei einem Überfall auf das jordanische Dorf Kibya eine Schule und zahlreiche Häuser sprengen, was 96 Araber das Leben kostete.
Nicht nur als General, sondern seit den 70er Jahren auch als Politiker hat Sharon sich immer in den vordersten Rängen bewegt. Als Begin 1977 die politische Wende herbeiführte, übertrug er Sharon das Landwirtschaftsministerium.
Seit dieser Zeit ist Ariel Sharon der nicht aufzuhaltende Motor der Besiedlung der Westbank. Keine noch so harsche Kritik hat ihn

jemals davon abhalten können, diese Politik mit aller Energie zu verfolgen, was ihm bei politisch rechts gerichteten Bevölkerungsgruppen größtes Ansehen verschafft hat.
In Begins zweitem Kabinett erhielt Sharon das Verteidigungsministerium. Zusammen mit Generalstabschef Rafael Eytan, seinem ergebenen Schüler, hat Sharon den Feldzug von 1982 gestaltet.
Der Libanonfeldzug erschien nicht nur wegen der dauernden palästinensischen Überfälle aus dem Norden gerechtfertigt, sondern diente auch als psychologisches Ventil für den Unmut über die Räumung der Sinai-Halbinsel, zu der sich Israel in Camp David verpflichten mußte.
Sharon hatte indessen noch weitergehende Ziele im Auge: Im Libanon standen Wahlen an, und die Phalangisten würden, wenn sie an die Regierung kämen, mit Israel kooperieren. Deshalb drängte die Zeit. Die Folge von Überfällen und Vergeltungsschlägen wurde immer dichter.
Den eigentlichen Anlaß zum Krieg aber bot ein Attentat in London, bei dem am 3. Juni 1982 der israelische Botschafter von einem jungen Palästinenser durch einen Kopfschuß schwer verletzt wurde. Der Attentäter gehörte zur Palästinensischen Nationalen Befreiungsbewegung PNLM, einem Konkurrenzunternehmen zu Arafats PLO.
Israel antwortete am darauffolgenden Tage mit einer massiven Bombardierung von PLO-Zielen, und in der Frühe des 6. Juni marschierte eine ungeheuer starke Truppe von 80 000 israelischen Soldaten in mehreren Keilen nach Norden, einer davon entlang der Küste, der andere über das hochgelegene Beaufort, eine strategisch wichtige Festungsruine aus der Kreuzfahrerzeit; außerdem landeten Amphibien-Fahrzeuge nördlich von Sidon.
Bereits am dritten Tage nach Beginn des Krieges standen die israelischen Truppen vor Beirut, und nach zwei weiteren Tagen waren sie auch im Osten bis in die Nähe der Verbindungsstraße Beirut – Damaskus vorgedrungen.
Abgesehen von einigen sehr schweren Gefechten mit den Syrern, die an wichtigen Kreuzungspunkten hartnäckigen Widerstand leisteten, waren diese ersten Kriegstage, die »Operation Frieden für

Galiläa«, ein glänzender Erfolg, der sich in der Reihe der von Israel zu bestehenden Kriege hätte sehen lassen können. Syrien hatte nicht nur über 100 Flugzeuge verloren, sondern auch mit seinen im Bekaa-Tal stationierten SAM-Raketen eine schwere Schlappe erlitten. Keine einzige von ihnen erreichte ihr Ziel; vielmehr wurden alle Raketenstellungen innerhalb von Stunden durch israelische Bomben vernichtet.

Die PLO-Stellungen im Südlibanon waren eingeschlossen und von der Stadt Beirut, wohin sich Arafat zurückgezogen hatte, abgeschnitten. Die israelischen Truppen wurden von den Libanesen, die unter der PLO-Herrschaft gelitten hatten, stürmisch begrüßt. Auf Drängen des amerikanischen Präsidenten Reagan kam es am 11. Juni zu einem ersten Waffenstillstand. Weil aber Israel das wichtigste Kriegsziel, nämlich die Vernichtung der PLO im Libanon, noch nicht erreicht hatte, setzte es den Krieg schon am nächsten Tage mit schweren Bomben- und Artillerieangriffen auf Stellungen der PLO fort.

Dabei stießen die Israelis auf schweren Widerstand, und es kam zu Szenen, die den israelischen Libanonfeldzug immer mehr in Verruf bringen sollten. So wurde das Flüchtlingslager Rashidiyeh, in dem sich 30 000 Flüchtlinge – darunter zahlreiche palästinensische Kämpfer – befanden, neun Tage lang beschossen und bombardiert. Ähnliches geschah in Damour südlich von Beirut und in weiteren Flüchtlingslagern. Syrische Truppen leisteten bei Kfar Sil, einem südlichen Vorort von Beirut, und weiter im Nordosten erbitterten Widerstand.

Im zweiten Akt dieses Krieges ging es darum, den Rest der PLO aus Beirut zu eliminieren. Sharon hatte gehofft, die libanesisch-christlichen Phalangisten würden diese schwierige Arbeit für ihn tun. Weil sie sich dazu aber nicht hergaben, entschlossen sich die israelischen Militärs, die Stadt regelrecht zu belagern, mit Bomben und Artilleriefeuer zu belegen und den Nachschub abzuschneiden. Arafat rief seine Leute zum Widerstand wie in Stalingrad auf. So vergingen zwei grauenvolle Monate, in denen die Stadt systematisch zerbombt und zerschossen wurde. Einen Versuch Arafats, einen Waffenstillstand zu erreichen mit dem Versprechen, seine

Truppen in Stufen abzuziehen, lehnte Israel rundweg ab und bestand auf einem alsbaldigen Verschwinden der PLO. Anfang August wurde die Beschießung Beiruts verschärft, und zwar auch von Schiffen von der Küste aus.

Dann gelang es dem Unterhändler der Vereinten Nationen, Philip Habib, einem gebürtigen Libanesen, den amerikanischen Präsidenten zu einer Intervention zu bewegen. Reagan erreichte am 12. August bei einem Telefongespräch mit Begin dessen Zustimmung zu einem Plan, wonach eine internationale UN-Truppe nach Beirut einrücken und sowohl den Abzug der PLO und der Syrer als auch den Rückzug der israelischen Truppen bis zum Awali-Fluß überwachen sollte.

Sharon aber ordnete noch am gleichen Tage eine letzte und unglaublich massive Bombardierung der Stadt an, die nicht nur Reagan, sondern auch die Weltöffentlichkeit einschließlich zahlreicher Juden in der Diaspora gegen den Staat Israel aufbrachte.

Aber auch im Lande selbst wuchs Zorn und Empörung über die sinnlosen Opfer und die Beschädigung des israelischen Ansehens. Die »Frieden-Jetzt«-Bewegung hatte schon im Juli rund 100 000 Demonstranten in Tel Aviv auf die Beine gebracht. Der Likud antwortete bald darauf mit einer doppelt so großen Demonstration, und Begin verwies auf die Kriegsverbrechen des Zweiten Weltkriegs.

Gleichzeitig mit dem Einmarsch französischer UN-Truppen begann der Abzug der PLO. Innerhalb von zwei Wochen verließen etwa 14 000 palästinensische und syrische Soldaten planmäßig die Stadt. Und in diesen Tagen wurde erwartungsgemäß Bashir Gemayel zum Präsidenten des Libanon gewählt. Er soll Sharon noch versprochen haben, die verbliebenen 2 000 PLO-Kämpfer, die sich in den Flüchtlingslagern bei Beirut versteckt hielten, zu beseitigen, fiel aber schon wenige Tage später einem schweren Sprengstoffattentat zum Opfer.

Daraufhin ordnete Sharon an, daß unter dem Schutz israelischer Truppen, die sich selbst nicht an der Aktion beteiligen sollten, den Phalangisten Zutritt zu den beiden Flüchtlingslagern Sabra und

Schatilla gewährt wurde. Am 16. September 1982, kurz vor dem jüdischen Neujahrsfest, wurden etwa ein- bis zweitausend Insassen dieser beiden Lager umgebracht, mit Traktoren zusammengeschoben und mit Erde zugedeckt.
Die israelische Bevölkerung machte sich Luft in einer Demonstration in Tel Aviv, an der etwa 400 000 Menschen teilnahmen. Eine Untersuchungskommission unter Leitung des Präsidenten des Obersten Gerichtshofs, Yitzchak Kahan, stellte fest, daß Begin keine Mitverantwortung traf, Sharon und Eytan jedoch den Phalangisten den Zutritt zu den Lagern ermöglicht hatten, obwohl sie hätten wissen müssen, was dies bedeutete. Dem Ministerpräsidenten wurde angeraten, den Verteidigungsminister zu entlassen. Begin lehnte dieses Ansinnen ab.

Die Einwanderung im Überblick – Juden aus Rußland und Äthiopien

Durch die Jahrtausende haben in den Landstrichen an der Ostküste des Mittelmeers immer Juden gelebt. Die große Mehrheit war zwar in alle Welt zerstreut. In den heiligen Städten Jerusalem, Hebron, Tiberias und Safed aber haben fromme Juden ausgeharrt. Es waren zusammen vielleicht 25 000 Menschen, als die Zeit der großen Rückkehr nach Israel begann.
Die Einwanderung von Juden nach Palästina hat sich in Wellen vollzogen. Eine Einwanderungswelle wird in Israel mit dem hebräischen Wort »Alijah« bezeichnet. Dieses Wort, das eigentlich »Hinaufgang« bedeutet, hat seinen Ursprung in den Pilgerreisen der Juden in das hochgelegene Jerusalem; sie wanderten, wenn sie sich zu den großen Festen versammelten, »hinauf nach Jerusalem«. So hat man schließlich die Einwanderung der Juden aus aller Welt als Alijah bezeichnet. Ein Einwanderer ist ein Oleh, die Einwanderer sind die Olim, die Hinaufziehenden.
In der Zeit bis zur Staatsgründung 1948 unterscheidet man im allgemeinen fünf solcher Einwanderungswellen. Ihre Datierung ist nicht ganz einheitlich.
Die erste Alijah begann nach den Pogromen in Rußland im Zusammenhang mit der Ermordung des Zaren Alexanders II. im Jahre 1882 und dauerte bis etwa 1904; sie brachte ungefähr 25 000 Einwanderer ins Land. Viele von ihnen gingen elend zugrunde, weil sie es nicht schafften, sich auf dem kargen und heißen Land, seinen Steinwüsten und Malariasümpfen, zu behaupten. Entscheidende Hilfe für die Neusiedler bot der reiche Bankier Baron Edmond de Rothschild, ein Philanthrop, dessen großzügige finanzielle Unterstützung die Gründung der ersten Siedlungen ermöglichte. Allerdings entsprach die Art und Weise, wie der Baron die Entwicklung kontrollierte, nicht dem Freiheitssinn vieler eher sozialistisch geprägter Einwanderer, die unabhängig von ihrer Hände Arbeit leben wollten.

Die zweite Welle wurde durch die Folgen der niedergeschlagenen russischen Revolution von 1905 ausgelöst, dauerte bis zum Beginn des Ersten Weltkriegs im Jahre 1914 und umfaßte etwa 35 000 Olim. Darunter waren bedeutende Führergestalten wie der aus Polen eingereiste David Grün, später Ben Gurion. In diese Zeit fällt nicht nur die Gründung der ersten Kibbuzim, der typisch israelischen Kommunen, am Südrand des Sees Genezareth, sondern auch der Anfang der Stadt Tel Aviv auf den einsamen Sanddünen am Mittelmeer. Man kann sich heute kaum vorstellen, daß diese Metropole – das Zentrum einer Stadtregion von etwa einer Million Einwohnern – vor wenigen Jahrzehnten noch gar nicht existierte.
Die Mehrheit der im Lande lebenden Araber wollte dieser Entwicklung nicht einfach zusehen. Es kam immer wieder zu Übergriffen und wiederholt zu schweren Aufständen, so in den Jahren 1921, 1929 und 1936 bis 1938. Die Araber setzten die englische Regierung unter Druck, so daß sich die Engländer genötigt sahen, die Einwanderung in immer neuen Anläufen zu bremsen.

»... denn ich will euch aus den Heiden herausholen ...« (Hesekiel 36,24).

Ein Landungsboot der amerikanischen Marine diente 500 Einwanderern als Verkehrsmittel über das Mittelmeer.

Ein Blick in das Innere des Landungsbootes.

Die Einwanderungswelle, die nach dem Ersten Weltkrieg 1918 einsetzte und wiederum etwa 35 000 Menschen – vor allem aus Polen und Litauen – zählte, die dritte Alijah, kam durch das White Paper von Churchill 1922 ins Stocken, und die vierte Alijah, die 1925 begann und etwa 70 000 Neueinwanderer herbeiführte, wurde 1930 durch das White Paper von Passfield gebremst.
Im Jahre 1933 begann die fünfte Welle. Sie wurde, nachdem etwa 225 000 Juden nach Israel gekommen waren, im Jahre 1939, am Vorabend des Zweiten Weltkriegs, wiederum durch ein White Paper abgewürgt.
Verheerend war es, daß die Engländer, die während der ganzen Mandatszeit bemüht waren, dem Strom der Einwanderer Einhalt zu gebieten, schließlich sogar vielen verzweifelten Juden, die den Schrecken des Holocaust entrinnen konnten, die Zuflucht in Israel verwehrten. Dennoch gelang es Flüchtlingen aus Europa immer wieder, die Seeblockade zu durchbrechen und mit kaum seetüchtigen und überfüllten Schiffen zu landen. Auf diese Weise kamen vor der Staatsgründung in den Jahren 1939 bis 1948 – manche bezeichnen diese Zeitspanne als die sechste Alijah – noch etwa 130 000 Juden ins Land.
Erst 1948 – mit dem Abzug der Engländer und der Gründung des israelischen Staates – war der Weg nach Israel frei. Durch das Rückwanderungsgesetz von 1950 wird ausdrücklich das Recht jedes Juden auf Heimkehr nach Israel gewährleistet. In diesem Gesetz findet sich seit 1970 auch die Definition des Begriffs »Jude«: Jude ist, wer von einer jüdischen Mutter geboren ist oder zum Judentum übergetreten ist und keiner anderen Religion angehört.
Zum Zeitpunkt der Staatsgründung hat die Gesamtbevölkerung Israels noch unter einer Million gelegen. Mit der Öffnung des Landes für Juden aus aller Welt ist die Bevölkerungszahl rasch gewachsen, und zwar um fast eine Million pro Jahrzehnt. Sie beträgt heute – Araber und andere Nichtjuden eingeschlossen – fünfeinhalb Millionen. Die Zahl der Juden ist mit etwa viereinhalb Millionen 180mal größer als zu Beginn der neuzeitlichen Einwanderung um 1880.
Nun hat im Jahre 1989 und vor allem 1990 ein ganz neuer und besonders kräftiger Strom von Einwanderern eingesetzt. Die Länder

Einwanderer aus den Konzentrationslagern Europas.

Einwanderer in Haifa (1946).

der ehemaligen Sowjetunion waren jahrzehntelang verschlossen; Auswanderung war nicht erlaubt. Schließlich, im Jahre 1989, wurden die Tore vorsichtig geöffnet; die sowjetischen Behörden verlangten den Nachweis einer Einladung durch Verwandte in Israel.

Die israelischen Behörden schafften es in Kürze, Einladungen für mehr als eine Million sowjetischer Juden beizubringen. Die Israelis warteten sehnlich auf ihre Brüder und Schwestern im Norden. Diese waren allerdings durch 70 Jahre atheistischer Gewaltherrschaft ihrer Tradition entfremdet und entwurzelt worden, viele hatten kaum mehr eine innere Beziehung zu Israel und zum Glauben ihrer Väter.

Es ist deshalb verständlich, daß – wie übrigens in früheren Jahrzehnten – die große Mehrzahl derer, die dann endlich ausreisen durften, nach den USA zog. Dennoch waren es allein im Jahre 1990 über 185 000 russische Juden, die nach Israel auswanderten.

Ihren Höhepunkt erreichte diese Welle, als im Dezember 1991 im Tagesdurchschnitt mehr als 1 000 Neuankömmlinge aus Rußland in Israel eintrafen.

Unter den Einwanderern aus dem Norden sind viele gebildete Personen, Ärzte, Techniker, Wissenschaftler, auch überdurchschnittlich viele Künstler. Bis Mitte 1991 durften diese Leute keinerlei Habe mitnehmen und kamen ohne einen Pfennig an. Die Ernährung, Unterbringung und vor allem die Beschäftigung solcher Menschenmassen stellt für den kleinen Staat eine ungeheure Herausforderung dar.

Aber auch von den Neuankömmlingen werden Opfer verlangt: Sie müssen eine für sie völlig fremde Sprache erlernen, sich auf neue Berufe einstellen und mit bescheidenen Mitteln und Unterkünften auskommen.

Es ist kein Wunder, daß es viele Arbeitslose gibt und daß es im ganzen Land an Wohnungen fehlt, obwohl da und dort ganze Dörfer aus dem Nichts aufgebaut werden. Sie bestehen anfangs aus Wohnwagen und Wohncontainern, nach und nach aber aus festen, für die Zukunft gebauten Häusern. Es war eine wunderbare Fügung, daß auf dem Höhepunkt der Einwanderungswelle Ende

Juden aus Jemen (1949).

Juden aus Äthiopien treffen 1991 dank der »Operation Salomo« in Israel ein.

1990/Anfang 1991, vor allem auch zur Zeit der noch zu beschreibenden »Operation Salomo«, viele Hotels in Israel leerstanden, weil Heere von Touristen wegen des Golfkriegs ausgeblieben waren.

Besonders dramatisch verlief – parallel zur Einwanderung aus dem Norden – die generalstabsmäßig geplante Blitzaktion »Operation Salomo«. Sie betraf die Juden in Äthiopien. Die Wissenschaftler streiten sich über die Ursprünge dieser seltsamen Leute. Es sind durchweg dunkelhäutige Menschen, die genau wissen, daß sie Juden sind und – im Unterschied zu den Juden aus Rußland – die jüdische Bibel kennen, die meisten jüdischen Feste und Traditionen pflegen und seit Menschengedenken auf die Rückkehr nach Israel gewartet haben. Das Oberrabbinat hat entschieden, daß die Mitglieder dieser in Äthiopien völlig isoliert gewesenen und wiederholt verfolgten Bevölkerungsgruppe von insgesamt noch etwa 60 000 Menschen ohne Vorbehalt als Juden anzuerkennen seien.

Schon 1985 war es gelungen, in einer abenteuerlichen »Operation Mose« etwa 8 500 dieser äthiopischen Juden über den Sudan nach Israel zu bringen. Weil die Unternehmung bekannt wurde, stoppten die marxistisch-äthiopischen und die sudanesischen Behörden die Ausreise und verboten die Auswanderung nach Israel. In einem großen Flüchtlingslager im Sudan kam es zu schrecklichen Tragödien. Auf dem Wege dorthin und im Lager starben etwa 4 000 Menschen; viele Familien wurden zerrissen.

Erst 1989, als gegen Ende des Bürgerkriegs in Addis-Abeba wieder eine israelische Botschaft eröffnet werden konnte, kam es zu erneuten Kontakten. Es war abzusehen, daß die kommunistische Regierung Haile Mengistus von den Aufständischen in die Flucht getrieben werden würde. Verbindungsleute gaben unter den äthiopischen Juden die Losung aus: »Alle nach Addis-Abeba!« Viele Tausende folgten der Aufforderung in Eile und Sorge, sie könnten in den Bürgerkriegswirren ihr Ziel nicht erreichen. Nach spannenden Wochen, die die Flüchtlinge hungernd und entnervt in den Slums der Hauptstadt verbrachten, konnte die wohlvorbereitete Aktion am 24. Mai 1991 starten, zwei Tage, nachdem der Regie-

rungschef geflohen war. In weniger als 36 Stunden brachten Transportflugzeuge der israelischen Luftwaffe, einige Jumbo-Jets von EL-AL und eine äthiopische Chartermaschine in mehreren Flügen insgesamt 14 500 dunkelhäutige Juden nach Tel Aviv, die nichts mitnehmen durften als ihre Angehörigen.
Was dieses Erlebnis für die Wüstenkinder bedeutete, kann man sich kaum ausmalen. Die meisten von ihnen hatten noch nie ein Flugzeug aus der Nähe gesehen. Sie glaubten, auf »Adlersflügeln« zu reisen. Dicht gedrängt, teilweise noch mit Nummern auf der Stirn, saßen sie auf dem Boden der ausgeräumten großen Flugzeuge, die noch nie so viele Passagiere auf einmal befördert hatten.
Die Unterbringung in vornehmen Hotels war schockierend für sie, am schwierigsten aber war die Trennung der Familien, weil die Kinder in Kinderheime gebracht werden mußten. Gleichwohl durften gerade die äthiopischen Landsleute überall einen besonders herzlichen Empfang erleben. Nun sind sie dabei, sich in eine außergewöhnliche Gemeinschaft einzufügen, die mit ihnen noch seltsamer wird.

Der Golfkrieg

Der Golfkrieg ist auf eine eigentümliche Weise an Israel vorbeigegangen. Seit der Staatsgründung war es der erste Krieg im Nahen Osten, an dem Israel nicht aktiv beteiligt war. Und dennoch hat dieser Krieg den Staat Israel und seine Bevölkerung zutiefst berührt. Die Drohungen des irakischen Diktators Saddam Hussein, Israel auszulöschen, waren ernstzunehmen. Israel war auf einen Angriff mit Atom- oder Gasraketen gefaßt. Die schweren Einschläge von Scud-Raketen auf israelischem Boden, die dann tatsächlich erfolgten, richteten zwar erheblichen Sachschaden an, forderten jedoch auf wunderbare Weise kaum Menschenleben.
Am 2. August 1990 marschierten irakische Elitetruppen auf Befehl ihres Diktators Saddam Hussein mit Kampfpanzern in das benachbarte kleine Kuweit ein, um das Land zu besetzen und die reichen Ölquellen zu konfiszieren. Saddam hatte sich über die Sabbach-Familie, die in Kuweit das Sagen hat, wiederholt geärgert, zuletzt wegen deren Ölpreispolitik. Vor allem aber schuldete Saddam den Kuweitis riesige Geldsummen aus der Zeit des Krieges, den er acht Jahre lang gegen den Iran geführt hatte. Zudem war Saddam davon überzeugt, daß die einstige Abtrennung Kuweits vom Irak ein Willkürakt gewesen, das Ölscheichtum im Süden also eigentlich irakisches Territorium sei. Durch Äußerungen der US-Botschafterin in Bagdad war der irakische Diktator zu der Meinung gelangt, die USA würden sich in arabische Nachbarstreitigkeiten nicht einmischen.
Aber Saddam hatte sich getäuscht. Die Welt konnte nicht zusehen, wie ein reicher Ölstaat einen anderen einfach ausradieren würde. Zwar hatte Saddam Hussein innerhalb von Stunden das Scheichtum Kuweit in seiner Gewalt, doch erließen die Vereinten Nationen noch am gleichen Tage eine einstimmige Resolution mit der Aufforderung zum Rückzug.
Weil die akute Gefahr bestand, daß Saddam sich nach dem leicht errungenen Sieg auf den Weg nach Saudi-Arabien machen würde, sandten die Vereinigten Staaten Teile ihrer Flotte in den Golf und

begannen damit, Truppeneinheiten nach Saudi-Arabien zu verlegen. Daneben wurden Wirtschaftssanktionen verhängt, die den Irak schmerzlich trafen, zumal nahezu alle arabischen Nachbarstaaten sich gegen Saddam stellten und die früher verbündete Sowjetunion in der Auflösung begriffen war.

Um wenigstens von Osten her nichts befürchten zu müssen, schloß Saddam mit dem Iran einen faulen Frieden, bei dem er alles opferte, um das er acht Jahre lang unter schrecklichen Verlusten gekämpft hatte.

Chaim Herzog, israelischer Staatspräsident von 1983 bis 1993.

Weil sein Aufruf zum Dschihad, zum Heiligen Krieg gegen die Nichtmoslems, kein Gehör fand, verfiel Saddam auf die Idee, Israel ins Spiel zu bringen und damit die Fronten aufzuweichen. Er versprach, die Krise zu lösen, wenn sich Israel von den »arabischen« Gebieten zurückziehe. Kurze Zeit später drohte er damit, Israel überhaupt auszulöschen.
Schließlich ließ er alle Angehörigen von Feindstaaten, die sich als Touristen, Geschäftsleute oder Wissenschaftler im Irak aufhielten, darunter Tausende von Engländern und Amerikanern, inhaftieren, um diese »Gäste« des Landes, wie er sie nannte, als Geiseln zu benutzen. So sehr auch die Betroffenen, die Saddam nach und nach wieder freiließ, schockiert waren: Weder Amerika noch Israel ließen sich durch Saddams Drohungen beirren.
Im übrigen brauchte man Zeit, um Truppen in ausreichender Stärke in Saudi-Arabien aufzubauen für den Fall, daß sich Saddam durch den Wirtschaftsboykott nicht würde beeindrucken lassen. Eine Reihe von weiteren UN-Resolutionen gipfelte schließlich in der Erklärung vom 29. November, mit der dem Diktator ein Ultimatum zum Rückzug seiner Truppen bis 15. Januar gesetzt wurde; sollte er bis dahin immer noch nicht reagiert haben, würde das Krieg bedeuten. Verzweifelte diplomatische Bemühungen führten zu nichts. Weder der amerikanische Außenminister Baker noch Pérez de Cuéllar, der Generalsekretär der Vereinten Nationen, konnten Saddam Hussein zum Einlenken bewegen. Dieser blieb eisern und verkündete, er werde der Welt in der »Mutter aller Schlachten« zeigen, daß er den Sieg über die Feinde und Verräter des Islam davontrage.
Inzwischen fand der Truppenaufmarsch in der saudi-arabischen Wüste statt. Seit dem Zweiten Weltkrieg hatte es eine derartige Militärkonzentration nicht mehr gegeben. Schließlich waren auf der Seite der Alliierten 700 000 Mann aus 28 Ländern zur Stelle: neben den Amerikanern auch Engländer, Franzosen; an deren Seite aber noch Soldaten aus Ägypten, Saudi-Arabien und anderen arabischen Staaten. Der technische Aufwand, vor allem die Ausrüstung der Flugzeuge, entsprach einer supermodernen Kriegführung und sollte es den Amerikanern einmal erlauben, ihre Systeme im Echteinsatz zu erproben.

Daß arabische Truppen an der Seite von Nicht-Moslems gegen einen arabischen Staat zu Felde ziehen würden, war ein Phänomen, das sich ein Araber zuvor nie hätte träumen lassen. Was allerdings geschehen wäre, wenn sich israelische Streitkräfte an den Kampfhandlungen beteiligt hätten, war nicht kalkulierbar.
In der Nacht vom 17. auf den 18. Januar 1991 begann die entscheidende Phase des Krieges mit dem Luftangriff der Alliierten. Obwohl der Bombenhagel alles bisher Dagewesene übertraf, gelang es zunächst nicht, die irakische Luftwaffe am Boden zu zerstören, wie zu Beginn des Sechs-Tage-Krieges, als Israel die ägyptische Luftwaffe in einem Überraschungsschlag auslöschte. Denn Saddam Hussein hatte seine Flugzeuge in Bunkern unter der Erde eingegraben. Einen Teil von ihnen brachte er über die Grenze in den Iran in Sicherheit. Jedenfalls kam die irakische Luftwaffe so gut wie nicht zum Einsatz.
Sonst aber war die Zerstörung, die sich über das ganze Land ausbreitete, furchtbar. Daß es trotz aller technischen Raffinesse nicht vermieden werden konnte, daß allein in einem Bunker in Bagdad 300 Zivilpersonen getötet wurden, war ein Unglück, das Saddam Hussein propagandistisch auszunutzen suchte. Im übrigen versuchte er, Israel in den Krieg mit einzubeziehen, indem er von Anfang an Raketen in Richtung des Landes schoß.
Schon am zweiten Tage der »heißen« Phase des Krieges explodierten in den Nachtstunden acht Scud-Raketen im Großraum Tel Aviv und in Haifa. Die Schäden an Gebäuden waren erheblich, die Zahl der Verletzten aber war überraschend gering. Mit großer Erleichterung wurde festgestellt, daß Saddam kein Gas einsetzte. Trotzdem eilten die meisten Iraelis in ihre versiegelten Schutzräume, wenn es zum Luftalarm kam, und benutzten auch später noch ihre Gasmasken, die schon im Oktober im ganzen Land verteilt worden waren und dauernd mitgetragen werden mußten. In den nächsten Tagen folgten weitere Raketenangriffe.
Zum Schutz gegen die irakischen Raketen statteten die Amerikaner Israel mit einer großen Zahl von Patriot-Raketen aus. Vermutlich war die psychologische Wirkung der teuren Patriot-Systeme wertvoller als die technische, denn es kam wiederholt vor, daß eine

Patriot eine heranfliegende Scud-Rakete so erwischte, daß die Explosion beider zu erheblichen Sachschäden führte.
Obwohl der irakische Raketenüberfall auf israelische Städte große Empörung bei der israelischen Bevölkerung hervorrief, übte die Regierung unter Yitzchak Shamir Zurückhaltung und ließ sich nicht in aktive Kampfhandlungen verwickeln. Die Vereinten Nationen baten die Israelis dringend darum, sich herauszuhalten, weil ihr Eingreifen bei den auf der Seite der Alliierten kämpfenden Ägyptern und Saudi-Arabern zu Irritationen geführt hätte. So hatten die Juden denn nichts anderes zu tun, als auf weitere Raketenangriffe zu warten – eine Situation, wie sie der Staat Israel noch nie erlebt hatte.
In den folgenden Tagen bis zum 25. Februar schlugen weitere Scud-Raketen in Israel ein, insgesamt 39. Die Welt zollte dem geduldigen Volk, das in diesen Wochen stillhalten mußte und zur eigenen Verwunderung selbst in den gefährlichsten Tagen immer neue Einwanderer empfing, große Achtung. Viele Juden aus dem Ausland und manche nichtjüdischen Freunde hielten auch während der Kriegsmonate in Israel aus, um ihre Treue zu bekunden.
Nach einem erneuten vergeblichen Ultimatum, das auf den 23. Februar 1991 datiert war, wurden Bodentruppen in Marsch gesetzt. Die »Operation Wüstensturm« trat in ihre zweite und letzte Phase. Unter dem Kommando des amerikanischen Generals Norman Schwartzkopf gelang es den alliierten Divisionen in vier Tagen, die durch den vorausgegangenen Bombenkrieg nahezu völlig zermürbten Gegner zu überrennen und zur Aufgabe zu zwingen. Zehntausende von irakischen Soldaten warfen ihre Waffen weg und ergaben sich. Noch am Abend des 27. Februar bot Präsident Bush dem Irak einen Waffenstillstand an, der von Saddam angenommen wurde.
Es entsprach amerikanischen Überlegungen, Saddam als politische Schachfigur im Nahen Osten am Leben zu lassen. Ob diese Entscheidung richtig war, mag bezweifelt werden. Saddam Hussein hat den Amerikanern jedenfalls auch nach dem Golfkrieg erhebliche Kopfschmerzen bereitet. Die Frage braucht hier aber nicht erörtert zu werden.

Israel aber durfte sich über das Ende des Golfkrieges freuen. Das Kriegsende fiel genau auf das Purim-Fest. An Purim feiern die Juden in einem Freudenfest die Errettung ihres Volkes. Man erinnert sich an die im Buch Ester beschriebene Geschichte, als zur Zeit des persischen Königs Ahasveros dessen Wesir Haman den Plan hatte, alle Juden ermorden zu lassen. Der schönen Ester, einer Jüdin, die der König an seinen Hof geholt hatte, gelang es mit Hilfe ihres Onkels Mordechai, die Gefahr abzuwenden. Im Jerusalemer Bibellexikon von Kurt Hennig heißt es unter dem Stichwort »Ester« unter anderem:

> »Was als Kette glücklicher Zufälle erscheinen könnte, soll sich im Rückblick als Führung Gottes erweisen, der die Geschichte lenkt, um sein Volk zu bewahren und zu retten.«

Nachwort

> »... dann wird man sagen unter den Heiden: ›Der HERR hat Großes an ihnen getan‹ ...« PSALM 126

Die unendliche Mühsal, der erbitterte Kampf ums Dasein und nicht zuletzt die schmerzliche Verwicklung mit der Existenz der palästinensischen Araber, die seit den frühesten Einwanderungen das tägliche Leben geprägt haben und bis zur Stunde begleiten, sind jedem, der sich mit Israel beschäftigt, allgegenwärtig. Die neue Geschichte Israels ist die Geschichte der Rückkehr und des Wiederaufbaus.

Diese Geschichte scheint, wenn man sie aus der Nähe betrachtet, nichts Heiliges an sich zu haben. Es geht nüchtern zu. Der Kampf ums Überleben ist nicht, wie es gelegentlich scheinen könnte, grandios und heldenhaft, sondern überwiegend mühselig. Manchmal wird mit zweifelhaften Mitteln gekämpft und um vordergründige Ziele gestritten. Auch die Gestalten, die sich einprägen, sind nicht gerade typische Heilige.

Wenn man aber versucht, die Dinge im Ganzen zu betrachten, so wächst noch einmal das Staunen darüber, wie dieses alte Volk, das in alle Welt zerstreut war, zu jungem Leben erwacht ist.

Wer heute durch Israel reist, gewinnt den Eindruck eines jungen und vitalen Volkes, einem grünen Reis am alten Stamm vergleichbar: Schwierigkeiten und äußerste Bedrohung auf der einen Seite und blühendes Land, rasches Wachstum und glühende Hoffnung auf der anderen. Die Wüste blüht. Wo noch vor kurzem ödes Land sich erstreckt hat, dehnen sich grüne Felder und Hänge aus. Wälder von Palmen, Pinien und Eukalyptusbäumen wachsen und spenden Schatten. Fruchtbare Haine von Oliven, Obstbäumen und Zitrusfrüchten sind oft eingerahmt von mannshohen Felsblöcken, die weggeräumt werden mußten, ehe die Pflänzchen gesetzt werden konnten. Legionen von riesigen Steinen, wie man sie heute noch auf unbebautem Gelände sehen kann, und die Erzählungen von gefährlichen Malariasümpfen, die trockengelegt werden mußten, lassen ahnen, mit welcher Mühe das Land urbar gemacht und aufgebaut worden ist. Daß der See Genezareth, der Kinnereth, wie der wichtige Wasserspeicher des Landes auf Hebräisch heißt, wieder bis zum Rand gefüllt ist, nachdem der Wasserspiegel jahrelang bedrohlich abgesunken war, ist eines der Wunder, wie man sie im Kleinen und Großen in diesem Lande erleben kann.

Israel hat zwar keine reichen Bodenschätze, aber das jüdische Volk hat, wie Begin einmal gesagt hat, einen wertvollen natürlichen Aktivposten aufzuweisen: Verstand. Es gibt viele kluge Köpfe unter ihnen. In der Reihe der Nobelpreisträger sind sie weit überproportional vertreten. Auch im technischen Bereich werden erstaunliche Fortschritte erzielt. Der neue Flugplatz in München ist mit Computern aus Israel ausgestattet worden. Die Wüstenbewässerungsforschung in Sde Boker im Negev wird von Wissenschaftlern aus aller Welt beobachtet und bewundert. Dort wird mit elektronischen Hilfsmitteln erforscht, welche Pflanze zu welcher Zeit welches Wasser benötigt; dabei stellt man fest, daß auch mit salzigem Wasser, das unter der Wüstenoberfläche in großer Menge vorhanden ist, Früchte erzeugt werden können.

Das derzeit größte Wunder aber ist die Einwanderung von Hunderttausenden von Juden aus Rußland und anderen Ländern der ehemaligen Sowjetunion und die Art und Weise, wie das kleine Volk in diesem kleinen Land die Heere von neuen Bürgern verkraftet. Arbeitsplätze und Wohnungen müssen geschaffen werden. Ganze Dörfer und Städte entstehen in kurzer Zeit wie aus dem Nichts.

Wer die Gelegenheit hat, nach Israel zu reisen, sollte das Diaspora-Museum in Tel Aviv besuchen. Eine hervorragende Tonbildschau zeigt höchst eindrucksvoll, wie die Juden, die unter die Völker des Mittelmeerraums, Europas und der ganzen Welt zerstreut waren, sich wie die Zugvögel im Herbst aufmachen und in immer neuen Wellen nach Israel heimkehren.

Es ist erregend, daß wir heute einen neuen Höhepunkt der Einwanderungswellen miterleben und beobachten können, wie die

Einwohnerzahl Israels die Grenze von fünf Millionen überschreitet. Vier Millionen davon sind Juden. Vielleicht werden es eines nicht allzu fernen Tages sechs Millionen sein, eine Zahl, die uns noch einmal an die Schoah, den Holocaust, erinnert, dann aber umso leuchtender die Treue Gottes erkennen läßt, der sein Volk durch Tod und Schrecken hindurch zu neuem Leben erweckt hat. Politische, soziale, wirtschaftliche und militärische Fragen nehmen auch in der Bibel einen größeren Raum ein, als manche meinen; aber hinter dem allem stand und steht die große Frage eines Einverständnisses zwischen Gott und seinem Volk, des Segens und des Vertrauens, kurz: des Bundes. Wir Christen, die wir – in Unkenntnis der Kapitel 9 bis 11 des Römerbriefes – jahrhundertelang gemeint hatten, der Bund Gottes mit seinem Volk habe nichts mehr mit den Juden zu tun, sind dabei, zu lernen und darüber zu staunen, daß Gottes Volk auch heute eine Vorhut hat, eine Avantgarde, ein Beispielvolk, das er in seine besondere Schule nimmt, aber auch besonders segnet. Israels Siege, seine wissenschaftlichen und technischen Erfolge mögen verwelken und dem anheimfallen, was die Bibel Gras und Blume nennt. Aus dem unvergänglichen Samen aber wird Größeres entstehen, was ewigen Wert hat. Das junge Reis wird bleiben und zum Baum erstarken, der nicht vom Winde der Geschichte verweht wird.

Anhang

Zeittafel der israelischen Geschichte seit etwa 1880

1878/1882	Gründung von landwirtschaftlichen Siedlungen wie Petah Tikwa und Rishon Le-Zion
1882–1904	Alijah I (1. Einwanderungswelle) infolge der Pogrome in Rußland nach der Ermordung des Zaren Alexanders II.
1897	Erster Zionistenkongreß in Basel (Theodor Herzl)
1898	Begegnung zwischen Herzl und Kaiser Wilhelm II. in Palästina
1904	Tod Herzls
1905–1914	Alijah II vor dem Ersten Weltkrieg
1909	Gründung des ersten Kibbuz, Degania A
1909	Gründung von Tel Aviv
1914–1918	Erster Weltkrieg
1917	Balfour-Erklärung
1917/1918	Eroberung Palästinas durch die Briten
1918–1923	Alijah III nach dem Ersten Weltkrieg
1920	Völkerbund überträgt England das Mandat zur Verwaltung Palästinas (Mandatszeit bis 1948)
1925	Eröffnung der Hebräischen Universität in Jerusalem
1925–1932	Alijah IV
1933–1939	Alijah V infolge der Entwicklung in Deutschland
1936	Arabischer Aufstand gegen das Anwachsen der jüdischen Bevölkerung
1939–1945	Zweiter Weltkrieg
1942	Wannsee-Konferenz – »Endlösung der Judenfrage«
1942–1944	Holocaust

1946–1948	Britische Seeblockade zur Unterbindung der Einwanderung von Juden nach Palästina
1947	Vollversammlung der Vereinten Nationen beschließt Plan zur Teilung Palästinas zwischen Juden und Arabern
1948, 14. Mai	Proklamation des Staates Israel Ben Gurion Ministerpräsident
1948	Unabhängigkeitskrieg
1952	Abkommen zur Wiedergutmachung zwischen Israel und der Bundesrepublik Deutschland
1953–1955	Ben Gurion zieht sich vorübergehend in den Kibbuz Sde Boker zurück
1955–1963	Ben Gurion wieder Ministerpräsident
1956	Suez-Feldzug
1963–1969	Levi Eshkol Ministerpräsident
1967	Sechs-Tage-Krieg
1968	März bis Sommer 1970 sogenannter Abnutzungskrieg (War of Attrition) am Suezkanal
1969–1974	Golda Meir Ministerpräsidentin
1973	Yom-Kippur-Krieg
1974–1977	Rabin Ministerpräsident
1977	Politische Wende: Der konservative Likud-Block löst die fast 30jährige Herrschaft der Arbeitspartei ab
1977–1983	Begin Ministerpräsident
1977	Besuch des ägyptischen Staatspräsidenten Sadat in Jerusalem Beginn der Friedensverhandlungen von Camp David
1978	Menachem Begin und Anwar as Sadat erhalten den Friedensnobelpreis
1978/1979	Abkommen von Camp David und Friedensvertrag zwischen Israel und Ägypten
1981	Sadat ermordet
1982	Libanon-Feldzug
1983–1984	Shamir Ministerpräsident

1984	Patt bei den Wahlen zur Knesset: Aufteilung der Regierungszeit zwischen Mapai und Likud
1984–1986	Peres Ministerpräsident
1985	»Operation Mose«: Heimführung von etwa 8 500 Juden aus Äthiopien
1986–1988	Shamir Ministerpräsident
1987	Beginn der Intifadah
1988	Erfolg des Likud bei den Wahlen zur Knesset: Shamir Ministerpräsident
1990	Beginn der Einwanderungswelle aus den Ländern der früheren Sowjetunion
1991	Golf-Krieg (Irakische Raketen vor allem auf Tel Aviv)
1991, Mai	»Operation Salomo«: Heimführung von etwa 14 000 äthiopischen Juden
1991, 30. Okt.	Beginn der Nahost-Friedenskonferenz in Madrid
1992, Juni	Wahlen zur Knesset. Deutliche Mehrheit für die Arbeiterpartei. Rabin wird Ministerpräsident, Peres Außenminister
1993, Juli/Aug.	Geheime Verhandlungen zwischen Vertretern Israels und der Palästinenser in Oslo
13. Sept.	Handschlag zwischen Rabin und Arafat vor dem Weißen Haus in Washington – Grundsatzerklärung mit zeitlicher Vorgabe für Friedensverhandlungen
1994, Mai	Abkommen über Autonomie für Gaza und Jericho in Kairo unterzeichnet
Okt.	Friedensvertrag mit Jordanien
Dez.	Rabin, Peres und Arafat erhalten den Friedensnobelpreis
1995, 5. Nov.	Rabin ermordet
	Peres wird Ministerpräsident, Ehud Barak Außenminister
1996, Jan.	Erstmals Wahlen zum palästinensischen Autonomierat

Febr.	Erneut schwere Terroranschläge, vor allem in Jerusalem
Mai	Zum ersten Mal Direktwahl des Ministerpräsidenten: Netanyahu wird mit äußerst knapper Mehrheit gewählt. Regierungskoalition mit dem Likud als führender Partei – David Levy Außenminister
1997, Jan.	Hebron-Abkommen
März	Beginn der israelischen Bautätigkeit auf dem Har Homa im Süden von Jerusalem – darauf weitgehende Lähmung der israel.-paläst. Verhandlungen
Juli	Schwerer Bombenanschlag auf dem Markt in Jerusalem

Übersicht über führende Persönlichkeiten seit 1948
(unmittelbar hinter dem Namen ist das Geburtsjahr angegeben)

Ministerpräsidenten

David Ben Gurion (1886) 1948–1953
Moshe Sharett (1894) 1953–1955
David Ben Gurion (1886) 1955–1963
Levi Eshkol (1895) 1963–1969
Golda Meir (1898) 1969–1974
Yitzchak Rabin (1922) 1974–1977
Menachem Begin (1913) 1977–1983
Yitzchak Shamir (1916) 1983–1984
Shimon Peres (1923) 1984–1986
Yitzchak Shamir (1916) 1986–1992
Yitzchak Rabin (1922) 1992–1995
Shimon Peres (1927) 1995–1996
Benjamin Netanyahu (1949) 1996–

Außenminister

Moshe Sharett (1894) 1948–1956
Golda Meir (1898) 1956–1965
Abba Eban (1915) 1966–1974
Yigal Allon (1918) 1974–1977
Moshe Dayan (1915) 1977–1979
Yitzchak Shamir (1916) 1980–1986
Shimon Peres (1923) 1986–1988
David Levy (1937) 1988–1992
Shimon Peres (1923) 1992–1995
Ehud Barak (1942) 1995–1996

Verteidigungsminister

David Ben Gurion (Min. Pr.) 1948–1953
Pinhas Lavon (ca. 1900) 1953–1955
David Ben Gurion (Min.Pr.) 1955–1963
Levi Eshkol (Min.Pr.) 1963–1967
Moshe Dayan (1915) 1967–1974
Shimon Peres (1923) 1974–1977
Ezer Weizmann (1924) 1977–1980
Menachem Begin (Min. Pr.) 1980–1981
Ariel Sharon (1928) 1981–1983
Moshe Arens (1925) 1983–1984
Yitzchak Rabin (1922) 1984–1990
Moshe Arens (1925) 1990–1992
Yitzchak Rabin (Min. Pr.) 1992–1995
Shimon Peres (Min. Pr.) 1995–1996
Yitzchak Mordechai (1944) 1996–

Staatspräsidenten

Chaim Weizmann (1874) 1949–1952
Yitzchak Ben Zwi (1884) 1952–1963
Salman Schasar (1889) 1963–1973

Ephraim Katzir (1916) 1973–1978
Yitzchak Navon (1921) 1978–1983
Chaim Herzog (1918) 1983–1993
Ezer Weizmann (1924) 1993–

Die Nahost-Resolutionen Nr. 242 und 338 der Vereinten Nationen

Die Resolutionen werden nicht nur in deutscher Sprache, sondern auch in der authentischen englischen Fassung wiedergegeben.

UN-Resolution Nr. 242 (Originalfassung in englischer Sprache)
Security Council Resolution on the Middle East, November 22, 1967

THE SECURITY COUNCIL,

Expressing its continuing concern with the grave situation in the Middle East,
Emphasizing the admissibility of the acquisition of territory by war and the need to work for a just and lasting peace in which every state in the area can live in security,
Emphasizing further that all member states in their acceptance of the Charter of the United Nations have undertaken a commitment to act in accordance with Article 2 of the Charter,

1. Affirms that the fulfillment of Charter prinicples requires the establishment of a just and lasting peace in the Middle East which should include the application of both the following prinicples:

(i) Withdrawal of Israeli armed forces from territories of recent conflict;
(ii) Termination of all claims or states of belligerency and respect for and acknowledgement of the souvereignty, territorial integrity

and political independance of every state in the area and their right to live in peace within secure and recognized boundaries free from threats or acts of force;

2. Affirms further the necessity
(a) For guaranteeing freedom of navigation through international waterways in the area;

(b) For achieving a just settlement of the refugee problem;
(c) For guaranteeing the territorial inviolability and political independance of every state in the area, through measures including the establishment of demilitarized zones;

3. Requests the Secretary General to designate a special representative to proceed to the Middle Est to establish and maintain contacts with the states concerned in order to promote agreement and assist efforts to achieve a peaceful and accepted settlement in accordance with the provisions and principles in this resolution;

4. Requests the Secretary General to report to the Security Council on the progress of the efforts of the special representative as soon as possible.

UN-Resolution Nr. 242 (deutsche Übersetzung)

Der SICHERHEITSRAT

drückt seine fortdauernde Sorge um die ernste Lage im Nahen Osten aus, betont die Unzulässigkeit einer Inbesitznahme von Land durch Krieg und die Notwendigkeit, für einen gerechten und dauerhaften Frieden zu arbeiten, der es möglich macht, daß jedes Land im Nahen Osten in Sicherheit leben kann; betont ferner, daß alle Mitgliedsstaaten sich durch die Annahme der Charta der Vereinten Nationen verpflichtet haben, in Einklang mit Artikel 2 der Charta zu handeln, und

1. bekräftigt, daß die Erfüllung der Grundsätze der Charta es erfordert, daß im Nahen Osten ein gerechter und dauerhafter Frieden geschlossen wird, und zwar unter Berücksichtigung der folgenden beiden Grundsätze:
(i) Rückzug israelischer Streitkräfte aus Gebieten des jüngsten Konflikts;

(ii) Beendigung aller kriegerischen Ansprüche oder Haltungen sowie Beachtung und Anerkennung der Souveränität, territorialen Integrität und politischen Unabhängigkeit jedes Staates im Nahen Osten und seines Rechts, in sicheren und anerkannten Grenzen im Frieden zu leben, frei von Bedrohung und Gewaltakten;

2. bekräftigt ferner die Notwendigkeit,
(a) die Freiheit der Schiffahrt durch internationale Wasserstraßen im Nahen Osten zu garantieren;
(b) eine gerechte Regelung des Flüchtlingsproblems zu erzielen;
(c) die territoriale Unverletzlichkeit und politische Unabhängigkeit jedes Staates im Nahen Osten zu garantieren, und zwar durch Maßnahmen, die auch die Errichtung von entmilitarisierten Zonen einschließen;

3. ersucht den Generalsekretär, einen Sonderbeauftragten in den Nahen Osten zu entsenden, der mit den betroffenen Staaten Kontakte aufnehmen und aufrechterhalten soll, um eine Einigung voranzutreiben und Bemühungen zu unterstützen mit dem Ziel einer friedlichen und akzeptierten Regelung in Übereinstimmung mit den Vorgaben und Grundsätzen dieser Resolution;

4. ersucht den Generalsekretär, dem Sicherheitsrat so bald wie möglich über die Fortschritte und Bemühungen des Sonderbeauftragten zu berichten.

UN-Resolution Nr. 338 (Originalfassung in englischer Sprache)
October 22, 1973

THE SECURITY COUNCIL

1. Calls upon all parties of the present fighting to cease all firing and terminate all military activity immediately, no later than 12 hours after the moment of the adoption of this decision, in the positions they now occupy;

2. Calls upon the parties concerned to start immediately after the cease-fire the implementation of Security Council Resolution 242, (1967) in all of its parts;

3. Decides that immediately and concurrently with the cease-fire, negotiations start between the partees concerned under appropriate auspices aimed at establishing a just and durable peace in the Middle East.

UN-Resolution Nr. 338 (deutsche Übersetzung)

Der SICHERHEITSRAT

1. ruft alle an den gegenwärtigen Kämpfen Beteiligten auf, sofort alle Kampfhandlungen und militärischen Aktionen einzustellen, und zwar spätestens 12 Stunden nach der Annahme dieser Resolution, in den augenblicklich eingenommenen Positionen;

2. ruft alle Beteiligten auf, sofort nach der Feuereinstellung mit der Erfüllung der Sicherheitsrats-Resolution Nr. 242 (1967) zu beginnen, und zwar in allen ihren Teilen;

3. bestimmt, daß sofort und gleichzeitig mit dem Waffenstillstand Verhandlungen zwischen den Beteiligten aufgenommen werden, und zwar unter angemessenen Vorkehrungen, die den Abschluß eines gerechten und dauerhaften Friedens im Nahen Osten gewährleisten.

Literatur-Verzeichnis

Das folgende Verzeichnis enthält nur eine Auswahl des einschlägigen Schrifttums, und zwar vorwiegend Buchtitel in deutscher und englischer Sprache.

Hannah Arendt, Die Krise des Zionismus, Klaus Bittermann, Berlin, 1989

Michael Bar-Zohar, David Ben Gurion – 40 Jahre Israel, 1977, deutsch: Gustav Lübbe Verlag, Bergisch Gladbach, 1988

Menachem Begin, The Revolt, Steimatzky Ltd., Jerusalem, 10. Aufl. 1990

David Ben Gurion, Rebirth and Destiny of Israel, New York, 1954

David Ben Gurion, Israel, Die Geschichte eines Staates, 1969, deutsche Ausgabe S. Fischer Verlag GmbH, Frankfurt a. M., 1973

Haim Hillel Ben-Sasson, Geschichte des jüdischen Volkes (3 Bände), C.H. Beck, München (Band 3 von Shmuel Ettinger), 1980

Nathan Birnbaum, Die jüdische Moderne, Frühe zionistische Schriften, Ölbaum-Verlag, Augsburg, 1989

Mitchell Cohen, Zion and State, Nation, Class and the Shaping of Modern Israel, Basil Blackwell Ltd., 1987

Leonard J. Davis, Israels Überlebenskampf, Hänssler, Neuhausen-Stuttgart, 1987

Moshe Dayan, Break-Through, A personal Account of the Egypt-Israel Peace Negotiations, Weidenfeld and Nicolson, London, 1981, deutsch: Die Mission meines Lebens, C. Bertelsmann, München, 1981

Moshe Dayan, Story of my Life, Weidenfeld and Nicolson, London, 1976

Abba Eban, Das Erbe, Die Geschichte des Judentums, Originaltitel: Heritage, Summit Books, New York, 1984; 1986 Verlag Ullstein GmbH, Frankfurt/M.

Abba Eban, My People, The Story of the Jews, Behrman House, Inc., New York, New Edition 1984,
Abba Eban, Mein Land, Das moderne Israel, Droemer Knaur Taschenbuch, 1977
Martin Gilbert, The Arab-Israeli Conflict (Maps), Steimatzky Ltd., Jerusalem, 1992
Ralph Giordano, Israel, um Himmels willen Israel, Kiepenheuer & Witsch, Köln, 1991
Karl Goller, Israel, Novalis Verlag, Schaffhausen, 1981
Naftali Greenwood (Hrsg.), Israel Yearbook & Almanac 1991/92, IBRT Israel Business, Research, and Technical Translation/Documentation Ltd., Jerusalem, 1992
Chaim Herzog, The Arab-Israeli Wars, Random House, Inc., New York, 1982
Hans Hoefer (Hrsg.), Israel, Apaguides, Nelles Verlag, München, 1989
Paul Ivory, The Gulf War, Dennis Oneshots Ltd., London, 1991
Abdul-Wahhab Said Kayyali, Palestine – A Modern History, Croom Helm Ltd., (ohne Jahresangabe, nicht vor 1971)
Gerhard Konzelmann, Der Golf, Hoffmann und Campe, Hamburg, 1991
Michael Krupp, Zionismus und Israel, Gütersloher Verlagshaus Gerd Mohn, Gütersloh, 3. Aufl. 1992
Walter Laqueur und Barry Rubin (Hrsg.), The Israel-Arab Reader, A Documentary of the Middle East Conflict, Viking Penguin, Inc., New York, 4. Aufl. 1984
Anny Latour, La Résurrection d'Israel, Julliard, Paris, 1965
Barnet Litvinoff, The Essential Chaim Weizmann, The Man, the Statesman, the Scientist, Weidenfeld and Nicolson, London, 1982
Noah Lucas, The Modern History of Israel, Weidenfeld and Nicolson, London, 1974
Golda Meir, My Life, BPCC Hazell Books Ltd. Aylesbury/Engl., 1975
Raphael Patal (Hrsg.), Encyclopedia of Zionism and Israel (2 Bände), Herzl Press, New York, 1971

Rudolf Pfisterer, Israel oder Palästina?, Brockhaus, Wuppertal, 1992
Maurice M. Roumani, The Case of the Jews from Arab Countries: A neglected Issue, WOJAC World Organization of Jews from Arab Countries, Tel Aviv, 1983
Howard M. Sachar, A History of Israel, From the Rise of Zionism to our Time, Alfred A. Knopf, New York, 1976
Howard M. Sachar, A History of Israel, From the Aftermath of the Yom-Kippur-War, Oxford University Press, New York, 1987
Howard M. Sachar, The Course of Modern Jewish History, Random House, Inc., New York, 1990
Robert Saint John, Die Sprache der Propheten (Lebensgeschichte des Elieser Ben-Yehuda), Bleicher Verlag, Gerlingen, 1985
Ludwig Schneider, Israel-Jahrbuch 1990, 1991 und 1992, Nachrichten aus Israel Ltd., Jerusalem
Jacques Soustelle, The long March of Israel, American Heritage Press, New York, 1969
Harry G. Summers jr., A Critical Analysis of the Gulf War, Dell Publishing, New York, 1992
Jacob Tsur, Zionismus: Geschichte einer Befreiungsbewegung, Hohwacht-Verlag, Bonn, 1987
Ezer Weizmann, The Battle for Peace, Bantam Books, Inc., New York, 1981

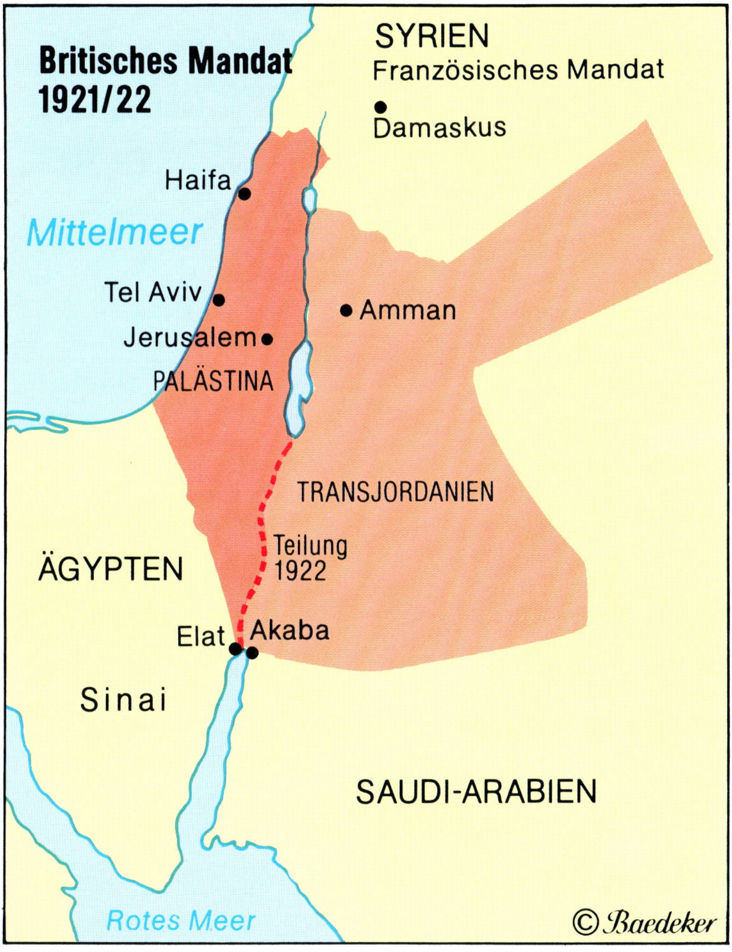
Britisches Mandat
1921/22
SYRIEN
Französisches Mandat
Damaskus
Haifa
Mittelmeer
Tel Aviv
Amman
Jerusalem
PALÄSTINA
TRANSJORDANIEN
Teilung
1922
ÄGYPTEN
Elat
Akaba
Sinai
SAUDI-ARABIEN
Rotes Meer
© Baedeker

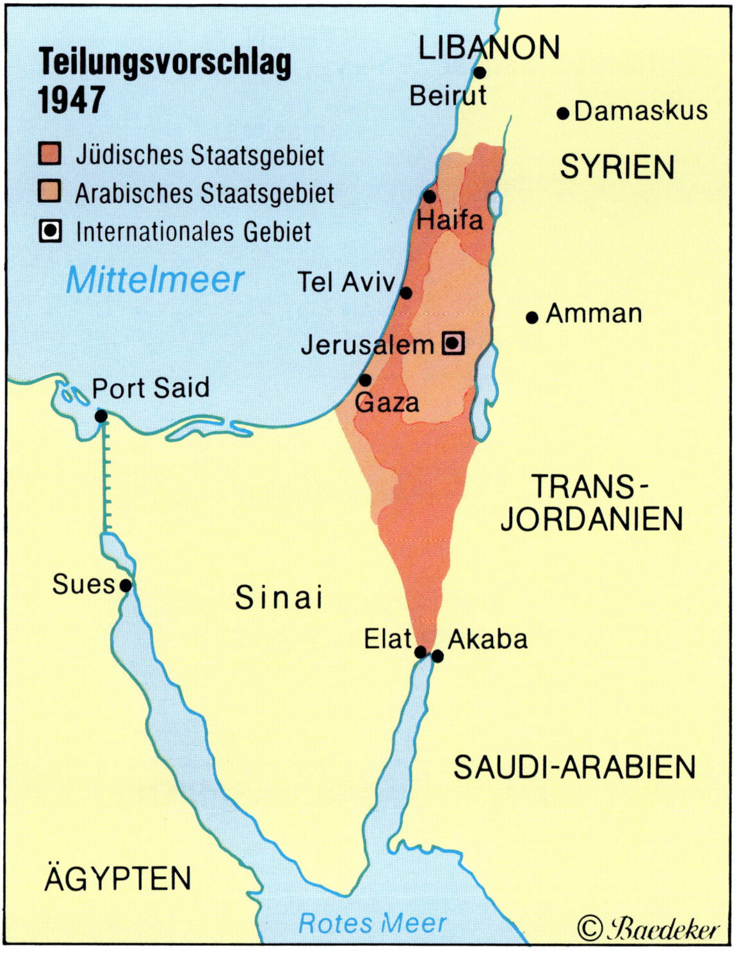
Teilungsvorschlag
1947
Jüdisches Staatsgebiet
Arabisches Staatsgebiet
Internationales Gebiet
Mittelmeer
LIBANON
Beirut
Damaskus
SYRIEN
Haifa
Tel Aviv
Amman
Jerusalem
Port Said
Gaza
TRANS-
JORDANIEN
Sues
Sinai
Elat
Akaba
SAUDI-ARABIEN
ÄGYPTEN
Rotes Meer
© Baedeker

Staat Israel
1948/49
LIBANON
Beirut
Damaskus
SYRIEN
Haifa
Mittelmeer
Tel Aviv
West-
jordanland
Amman
Jerusalem
Gaza
Port Said
JORDANIEN
Sues
Sinai
Elat
Akaba
SAUDI-ARABIEN
ÄGYPTEN
Rotes Meer
© Baedeker

Sueskrieg
1956
LIBANON
Beirut
Damaskus
Mittelmeer
Haifa
SYRIEN
Brit. u. franz.
Intervention
Tel Aviv
Amman
Jerusalem
Gaza
JORDANIEN
Port
Said
Port
Fuad
Ismailija
ISRAEL
Sinai
Sues
Elat
Akaba
Landung
Brit. u. franz.
Truppen
Israelische
Truppen
UN-Truppen
ÄGYPTEN
Rotes Meer
© Baedeker

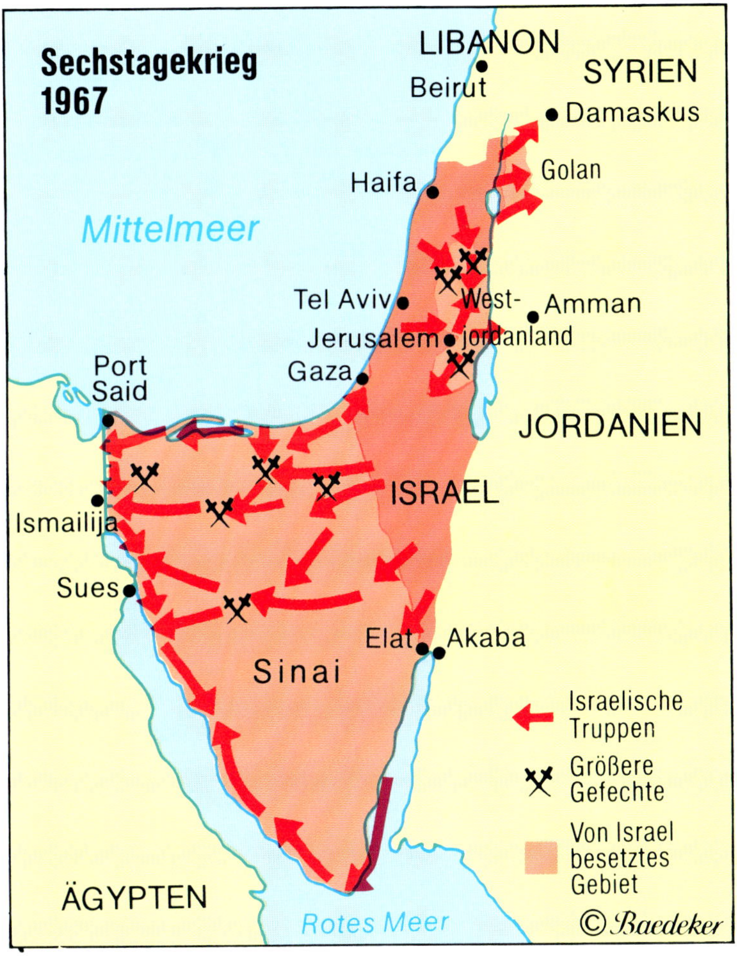
Sechstagekrieg 1967
LIBANON
Beirut
SYRIEN
Damaskus
Golan
Haifa
Mittelmeer
Tel Aviv
West-jordanland
Amman
Jerusalem
Gaza
Port Said
JORDANIEN
ISRAEL
Ismailija
Sues
Elat
Akaba
Sinai
Israelische Truppen
Größere Gefechte
Von Israel besetztes Gebiet
ÄGYPTEN
Rotes Meer
© Baedeker

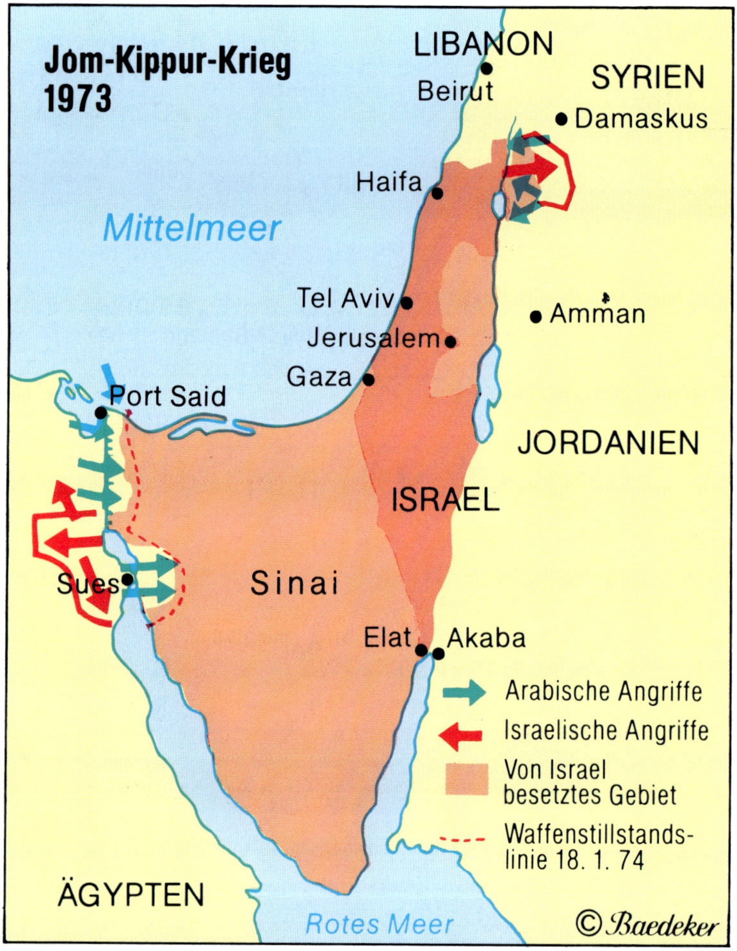

Jom-Kippur-Krieg
1973
LIBANON
Beirut
SYRIEN
Damaskus
Haifa
Mittelmeer
Tel Aviv
Amman
Jerusalem
Gaza
Port Said
JORDANIEN
ISRAEL
Sues
Sinai
Elat
Akaba
Arabische Angriffe
Israelische Angriffe
Von Israel besetztes Gebiet
Waffenstillstands-
linie 18. 1. 74
ÄGYPTEN
Rotes Meer
© Baedeker